从短视频到中视频

115招干货玩转商业运营+拍摄制作+文案编写

SHORT
VIDEO

叶飞 ◎ 编著

MEDIUM
VIDEO

化学工业出版社
·北京·

内 容 简 介

全书从"商业运营+拍摄制作+文案编写"3个维度,对短视频和中视频的相关知识点进行深度解读,从而帮助广大视频运营者快速、全面精通拍摄、运营和变现!

笔者具体从市场认知、市场新机遇、账号定位、内容策划、吸粉引流、商业变现、拍摄准备、拍摄技巧、后期制作、标题撰写、封面设计、剧本编写12个方面,提炼了115个纯高手干货技巧,对短视频和中视频进行了全面剖析,助你从新手成为短视频和中视频运营高手!

本书适合广大短视频、中视频运营者,特别是想进军西瓜视频、B站、快手、视频号等平台的玩家、创业者、MCN机构或相关企业,也可作为学校相关专业的学习教材。

图书在版编目(CIP)数据

从短视频到中视频:115招干货玩转商业运营+拍摄制作+文案编写/叶飞编著.—北京:化学工业出版社,2022.2
ISBN 978-7-122-40395-7

Ⅰ.①从… Ⅱ.①叶… Ⅲ.①网络营销 Ⅳ.①F713.365.2

中国版本图书馆CIP数据核字(2021)第252878号

责任编辑:李 辰 孙 炜　　　　　　　　装帧设计:盟诺文化
责任校对:王佳伟　　　　　　　　　　　封面设计:王晓宇

出版发行:化学工业出版社(北京市东城区青年湖南街13号　邮政编码100011)
印　　装:天津图文方嘉印刷有限公司
710mm×1000mm 1/16　印张15½　字数317千字　2022年3月北京第1版第1次印刷

购书咨询:010-64518888　　　　　　　售后服务:010-64518899
网　　址:http://www.cip.com.cn

凡购买本书,如有缺损质量问题,本社销售中心负责调换。

定　价:78.00元　　　　　　　　　　　　　　　　版权所有　违者必究

前　言

2020年10月22日，笔者团队人员打开手机，观看西瓜视频举办的西瓜PLAY好奇心大会，当西瓜视频老总定义"中视频"概念时，便瞬间意识到中视频将会对视频行业和新媒体行业带来巨大变革，于是迅速对其进行了研究和分析。

笔者团队从事新媒体运营研究多年，深谙视频运营、吸粉、变现之道。如今正值中视频风口，很多人跃跃欲试，想要通过这个新兴的视频形式获得红利。但是，在这场刚打响的中视频战争中，有人摇身一变，成为千万级大IP，有人成了带货达人，有人寥寥几万粉丝，无法变现……

经过深思熟虑之后，笔者团队决定将自己的经验和研究总结成一本书，为那些想要从事中视频运营的朋友提供参考。

一、市场分析篇

市场分析篇分为中视频突围、市场新机遇两章，前者侧重于讲解中视频出现的背景，以及它在当下的发展状态；后者主要分析中视频未来的发展、面临的问题和解决方案。

（1）中视频突围：对国内外中视频现状进行简单介绍，通过中短视频对比，分析各自的特点，最后分析中视频在当下的发展状态。

（2）市场新机遇：分析了中视频崛起的原因，以及中视频的前世今生，最后总结了中视频的布局方法和亟待加强的地方。

二、商业运营篇

商业运营是决定中视频能否获得利益、实现价值的重要因素，同时也是最难以把握的。运营者应该明白的是，它直接决定了中视频的发展道路。

（1）账号定位：运营者可根据自身和团队的特点，从用户需求、自身专长和内容类型等角度进行定位。当然，运营者还可以先了解用户画像，对自己进行全面分析，从而策划出优秀的定位方案。

（2）内容策划：对于中视频运营者来说，粉丝数量关系到自身的发展。也就是说，如果运营者打造的是爆款中视频，肯定能获得大量粉丝。在这一章中，将通过基本方法、热门内容和内容选择详细介绍打造爆款中视频的方法。

（3）吸粉引流：通过搜索引擎引流、微信生态引流、私域流量池、视频引流、直播引流等多种手法，为运营者获取更多粉丝量。

（4）商业变现：我们可以这么理解，运营者前面对中视频进行千辛万苦地运营，最终是为了变现，获得一定的收入。在这部分内容中，通过具体案例，为大家解析各种常用的中视频变现技巧。

三、拍摄制作篇

前半部分主要是讲解中视频拍摄准备和技巧，后半部分主要介绍常用的剪辑技巧。

（1）拍摄准备：中视频拍摄前需要做足准备，如准备拍摄设备、镜头、稳定器、录音设备、灯光设备、闪光灯设备等，还需要选好演员、场地等。

（2）拍摄技巧：拍摄中视频时，运营者要牢记五大原则，学会利用光线、距离、角度、景别等基本操作方法，拍摄出绝佳的中视频作品。

（3）后期制作：在视频后期处理中，包括但不限于剪辑、画中画、特效、滤镜、动画、声音以及字幕等多个常用功能，需要制作人员熟练掌握这些技巧。

四、文案编写篇

文案写作是部分运营者比较头疼的事情，虽然文案写作十分灵活，但还是有方法可循的。

（1）标题撰写：标题是中视频的"窗户"，用户能透过这个窗户看出该中视频的具体内容。

（2）封面设计：如果说标题是中视频的"窗户"，那么封面就是"窗户"上的"玻璃"，它能吸引更多用户观看中视频。

（3）剧本编写：中视频团队在拍摄过程中必不可少的是剧本。剧本主要分为3种，分别是文学剧本、分镜剧本和完成台本。

特别提醒：书中采用的西瓜视频、B站和剪映等软件的案例界面，包括账号、作品、粉丝量等相关数据，都是写稿时的截图，若图书出版后软件有更新，请读者以出版后的实际情况为准，根据书中提示，举一反三操作即可。

本书由叶飞编著，参与编写的人员还有严不语等人，在此表示感谢。由于作者知识水平有限，书中难免有错误和疏漏之处，恳请广大读者批评、指正。

目 录

市场分析篇

第1章　中视频突围：短视频向上长视频向下

- 001　视频特性：不断发展变革 ………………………………… 2
- 002　看清区别：中短视频比较 ………………………………… 7
- 003　回顾当下：捋清中视频关系 ……………………………… 10
- 004　视频中场：复兴的前奏 …………………………………… 12
- 005　逐渐发力：中视频成爆发点？ …………………………… 13
- 006　路线之争：B站与西瓜视频之争 ………………………… 15
- 007　中视频杂谈：它究竟能走多远？ ………………………… 17
- 008　中视频兴起：知识类创作人的狂欢 ……………………… 18

第2章　市场新机遇：中视频助力职业化创作

- 009　中视频崛起：短视频将走向没落？ ……………………… 21
- 010　发展历程：中视频也有前世今生 ………………………… 22
- 011　中视频背后：西瓜视频如何破局？ ……………………… 23
- 012　烽烟四起：中视频之战 …………………………………… 25
- 013　聚焦中视频：西瓜视频到底如何布局？ ………………… 26
- 014　长视频分裂：中视频的机会？ …………………………… 27
- 015　只言片语：关于中视频的思考 …………………………… 29

商业运营篇

第3章　账号定位：让你的作品快速上推

- 016　确定方向：账号定位方法 …… 31
- 017　账号设置：细节不可忽略 …… 35
- 018　特别关注：直接分析数据 …… 37
- 019　平衡手段：利用长尾效应 …… 39
- 020　用户属性：关注性别年龄 …… 41
- 021　用户分布：关注地域职业 …… 43
- 022　提升能力：关注访问量 …… 44
- 023　进阶玩法：品牌熟悉程度 …… 48

第4章　内容策划：百万级流量的策划技巧

- 024　了解：平台推荐算法 …… 51
- 025　谨记：五大基本要求 …… 51
- 026　必备：热门内容类型 …… 54
- 027　精选：六大拍摄题材 …… 59
- 028　干货：带货类中视频 …… 64
- 029　创意1：电影解说内容 …… 65
- 030　创意2：教学课程内容 …… 66
- 031　创意3：翻拍经典作品 …… 68
- 032　创意4：模仿爆款内容 …… 69
- 033　创意5：侦探类中视频 …… 69

第5章　吸粉引流：引爆粉丝资源快速裂变

- 034　快速了解：引流基本常识 …… 72
- 035　优化提升：搜索引擎引流 …… 73

036	巧妙利用：微信生态引流	75
037	延伸打造：私域流量池	78
038	视频引流：可搬运或转载	82
039	硬广引流：直接展示品牌	83
040	直播引流：多种模式任选	84
041	评论引流：利用语言魅力	85
042	矩阵引流：进行优势互补	87
043	互推引流：合作达成共赢	88
044	引流技巧：提升自身能力	90

第6章 商业变现：找对方法让你月入10W+

045	植入广告：五大变现方法	93
046	直播变现：手段可谓繁多	97
047	企业融资：崎岖难行之道	101
048	知识付费：颇受行业关注	101
049	视频收益：热门变现方式	103
050	内容变现：产品快速脱销	103
051	场景变现：开启多元带货	105
052	广告代言：适用于头部创作者	107
053	品牌变现：适用于企业	108

拍摄制作篇

第7章 拍摄准备：轻松记录所有美好瞬间

054	拍摄设备：选择较合适的	111
055	挑选镜头：提升成像质量	114
056	稳定器：拍摄时需要防抖	117

057	录音设备：选择高性价比	119
058	灯光设备：增强光线与美感	120
059	闪光灯设备：让光线更明亮	122
060	辅助设备：拍出电影级效果	123
061	提高辨识度：打造人格化的IP	125
062	选择演员：符合要求即可	126
063	选择场地：考虑具体情形	127

第8章　拍摄技巧：随手拍出大片的既视感

064	五大原则：拍出满意效果	129
065	利用光线：提升视频画质	130
066	拍摄距离：把握主体远近	133
067	基础设置：拍出精致内容	135
068	前景装饰：提升视频效果	136
069	取景构图：让观众眼球聚焦主体	137
070	镜头角度：让运镜得心应手	138
071	镜头景别：丰富中视频内容	140
072	运镜手法：拍出大片质感	142
073	移动变焦：制造视觉冲击力	144
074	拍摄对象：选择最合适的	144

第9章　后期制作：让作品从普通变为惊艳

075	基本操作：剪辑处理方法	150
076	画中画：显示多个画面	153
077	酷炫特效：提升视频趣味性	155
078	滤镜效果：提升中视频质感	158
079	动画效果：提升视频流畅性	160

080	声音处理：打造视听盛宴	162
081	添加字幕：辅助用户理解	168
082	活用技巧1："灵魂出窍"特效	169
083	活用技巧2："逆世界"特效	170

文案编写篇

第10章　标题撰写：轻松打造高播放量视频

084	视频标题：掌握制作要点	174
085	快速了解：标题创作原则	176
086	利用词根：增加曝光量	177
087	好的标题：凸显视频主旨	177
088	标题类型1：体现视频价值	178
089	标题类型2：悬念引人入胜	182
090	标题类型3：产生情感共鸣	185
091	标题类型4：视觉冲击型	187
092	标题类型5：独家分享型	188
093	标题类型6：数字具化型	189
094	标题类型7：观点表达型	191
095	标题误区：需要多加留意	192

第11章　封面设计：让你的视频点击率翻倍

096	万里挑一：选取最佳的封面图片	196
097	图片素材：成就亮眼视觉的基础	197
098	流量转换：必须遵循基本制作规范	202
099	优质好图：掌握3大封面基本特征	202
100	分层处理：信息展示做到主次分明	203

| 101 | 品牌宣传：让观众看过后记忆犹新 …………………………………… 203
| 102 | 质感体现：影响到观众的心理感受 …………………………………… 204
| 103 | 视觉元素：快速抢占用户第一印象 …………………………………… 205
| 104 | 注意事项1：原创+标签+文字 ………………………………………… 207
| 105 | 注意事项2：尺寸+版面 ………………………………………………… 209

第12章 剧本编写：精彩的情节提升完播率

| 106 | 牢记格式：剧本基本知识 ……………………………………………… 212
| 107 | 剧本要素：剧本创作基础 ……………………………………………… 221
| 108 | 创作原则：保证创作质量 ……………………………………………… 222
| 109 | 创作技巧：玩转剧本创作 ……………………………………………… 224
| 110 | 剧本特点：分析优秀剧本 ……………………………………………… 225
| 111 | 优秀范本：热门剧本类型 ……………………………………………… 226
| 112 | 实际操作：剧本创作步骤 ……………………………………………… 228
| 113 | 剧本内容：多种编写方法 ……………………………………………… 229
| 114 | 利用心理：抓住用户眼球 ……………………………………………… 231
| 115 | 剧本禁区：切不可违反 ………………………………………………… 234

市场分析篇

第1章

中视频突围：
短视频向上长视频向下

  自从西瓜视频提出"中视频"的概念后，一石激起千层浪，笔者几乎被"中视频"相关的信息淹没。大家都在谈论中视频是新概念，还是"新瓶装旧酒"，甚至有人表示中视频走不长远……那么，中视频终究是什么模样？本章笔者将拨开云雾，带大家认识中视频的本质和特性。

视频特性：不断发展变革

中视频是一个早已有之的事物，还是近些年才出现的新类型？下面跟随笔者来一探究竟。

1. 国外中视频状况

YouTube于2005年创立，是一个全球性的视频网站，支持多种语言。例如，用户在YouTube上观看某手机公司的秋季发布会，可以通过YouTube强大的实时翻译功能，将发布会上的英语全部翻译成简体中文。

无论是从广告营销角度，还是从视频质量和娱乐特性等角度来说，YouTube作为一个实力非凡的中视频平台，从十多年前开始，就具有了很多优势，下面主要从用户规模、产品黏性和广告体验等角度分析YouTube作为中视频网站的积极意义。

1）用户规模

据相关机构统计，YouTube用户数量已高达20多亿，值得注意的是，随着YouTube原创内容的更新迭代，欧美Z世代（在1995—2009年出生的人，又称网络世代或互联网世代）用户也与日俱增。

此外，在北美、欧洲、中东和东南亚等地区，YouTube凭借自身的文化和娱乐属性，吸引着越来越多的运营者加入了创作者行列，同时也有更多的年轻用户被它吸引，成为忠实的粉丝。

2）产品黏性

YouTube在产品设计上紧跟潮流，其视频长度大多为30分钟左右，它比短视频能承载更多内容，同时还能帮用户减压、娱乐和消磨时间。因此，YouTube成为了国外用户常用的中视频平台，它的用户黏性也不断增加，让它获得了更多的用户兴趣标签，完善了用户画像和广告投放的精准度。

3）广告体验

YouTube的广告投放方式非常独特，它既不像优酷、爱奇艺和腾讯视频那样，普通用户要忍受几十秒甚至上百秒的广告轰炸，也不像抖音、快手等短视频那样，用户刷到的短视频有很大概率是纯广告推广，影响用户体验。

YouTube在投放广告时，既考虑广告投放范围和人群，也考虑到了投放方式，它想要提高广告视频的完播率，还想降低对用户观看体验的影响。于是，

YouTube平台上的视频广告只有短短5秒，5秒之后用户可选择跳过，也可选择继续观看，这种广告投放方式提升了视频广告的质量，能在一定程度上激发广告投放商的创作力。

2. 国内中视频发展

无论是早期的土豆网，还是后来的秒拍，都由于种种原因，没能成为国内的中视频"中流砥柱"，没能成为"中国的YouTube"。在短视频方兴未艾之际，如早期的抖音、快手和视频号等平台，都将短视频时长限制在一分钟以内。

随着各大平台逐渐放宽短视频时长限制，比如在2019年初，抖音将短视频的时长从30秒限制提升到了5分钟限制，如图1-1所示，从某意义上来说，中视频复活了，或者说中视频借短视频之壳"重生"了。

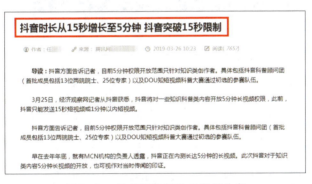

图1-1 抖音短视频时长限制放宽

此处笔者需要说明的是，在西瓜视频官方提出"中视频"的概念之前，中视频已在短视频平台初现苗头了。就如同在牛顿未提出"万有引力"概念之前，万有引力就已经存在了，万有引力并不是苹果砸在牛顿头上之时产生的，中视频也并不是西瓜视频官方提出这个概念之后才产生的，这也是笔者费力描述YouTube概况的缘由。

3. B站中视频概况

在西瓜视频提出"中视频"的概念之前，B站其实已在此赛道上深耕多年，甚至当"短视频"概念火遍全网之时，B站也未盲目跟风，而是在自己最擅长的中视频领域深耕细作。

2020年青年节前夕，B站策划了一个名为《后浪》的中视频，国家一级演员登台演讲，赞美和鼓励年轻一代。《后浪》引发了网民热议，有人认为《后浪》

能鼓舞人心，有人认为这只是纯粹打鸡血，还有人认为自己"被代表"了……不过，在新媒体业内人士看来，该中视频被认为是B站发起"破圈"之战的前奏，那2000多万的播放量是潜在的流量，B站因此被看成一个新崛起的视频平台，如图1-2所示。

图1-2　B站《后浪》中视频

1）B站中视频审核机制

B站发展得早，相比头条系的抖音和西瓜视频，它对自己的中视频有着不一样的审核机制。关于西瓜视频的审核机制，在后面的章节中会提到。

（1）优先审核：与抖音、快手一样，B站的审核也会参考运营者的权重，如"加V"的运营者比没"加V"的审核时间更短。

（2）惩罚措施：权重高的运营者，即使视频中出现一些违规内容，B站官方只会删除该内容，对账号的影响较小；对于新人运营者而言，如果发布一次违规内容，那么该账号就会受到一定的惩罚，如果违规次数过多，就会直接被封号。

（3）阶梯审核：B站的阶梯审核分为两种。第一种是机器人审核，如果内容合格，则直接推送给B站用户；如果机器审核时发现内容存在问题，就会人工介入审核。第二种就是，如果前期机器审核未发现内容违规，后期推送给B站用户却被举报违规，则该内容不会再被推送。

2）推荐机制

B站的推荐机制共有两种方式，具体分析如下。

（1）阶梯推荐：运营者的中视频通过审核之后会被推送进一个小流量池，如果该流量池的B站用户对该视频收藏、点赞、投币及评论数量高，那么该视频就会投入下一个大流量池中，反之该视频就会被停止推荐。

（2）热门推荐：B站热门推荐有两种方式。第一种方式是如果该视频获得的流量大，则该视频就会被算法推荐到首页热门；第二种方式是某些视频虽然流量未达到上热门的要求，但内容优质，就会被人工推荐上首页热门。

3）内容评估

与西瓜视频、抖音、快手一样，B站中视频内容评估也大致只有以下几个维度，具体分析如下。

（1）点赞量：点赞量反映的是中视频受欢迎的程度，对运营者而言，点赞量越高，意味着被推荐的次数越多。

（2）播放量：播放量代表的是点进去观看的次数，对运营者而言，播放量越高，意味着被推荐的次数越多。

（3）分享量：只有用户认为对自己有价值的视频，他们才会选择分享。在内容评估中，视频分享量是和推荐量成正比关系的。

（4）评论量：它反映的是运营者和用户互动的频率，评论量越大的运营者，其粉丝黏性往往越高。

（5）举报量：如果视频内容存在违规遭用户举报，那么该视频推荐量会减少。如果违规程度高，那么该视频可能会被直接删除。

4. 西瓜视频概况

2020年10月20日，西瓜视频在海南三亚召开西瓜PLAY好奇心大会，目的在于开拓一条新赛道，与"同门师兄弟"抖音短视频、今日头条实现差异化发展，或者说让西瓜视频实现弯道超车，超越自己的"同门师兄弟"。

1）平台大力扶持

在会上西瓜视频新任总裁亮相，不仅提出了"中视频"的概念和定义，并宣布给中视频创作人补贴20亿元，如图1-3所示。

图1-3 西瓜视频中视频补贴

图1-4 知乎推出的"海盐计划"

其他平台看到该消息之后，也纷纷推出了扶持中视频运营者的计划，其中最受人瞩目的是知乎推出的"海盐计划"，如图1-4所示。

虽然知乎没有明确指出"海盐计划"中的视频创作是中视频创作，但知乎优秀回答的文字都是几千字起步，因此，笔者几乎敢确定这些优秀回答应该大多会制作成中视频形式。在这种中视频战场争夺情形下，许多运营者（包括原来的短视频运营者）看到这些扶持计划之后，纷纷进入中视频领域。于是，中视频这个不受关注的领域获得了大量运营者的入驻。

2）中视频成竞争焦点

虽然抖音、快手等短视频发展得如火如荼，但因为短视频领域日渐饱和，一个新的运营者进入短视频领域之后，很难快速脱颖而出。而其他平台，如西瓜视频、B站等，也难以从短视频领域中分得一杯羹。因此，无论是运营者，还是西瓜视频、B站等平台，它们都希望开拓一条新的赛道，实现差异化发展，于是中视频领域成了它们竞争的焦点。

3）时长限制了视频发展

之前，许多短视频平台将视频的时长限制在60秒以内，这么短的时间内限制视频的内容和剧情发展，如许多运营者不得不强行将中视频剪辑成"上中下集"，如图1-5所示。

此外，短视频由于时长限制，很多内容都是浅尝辄止，难以对短视频主题进行深入分析。例如，心理学上有一个常见的假说——"曼德拉效

图1-5 强行将中视频剪辑成"上中下集"示例

应"，这个心理学名词解释起来需要举证大量的例子，从地理、人体、生物、机械等领域到各个国家和地区，都存在佐证曼德拉效应的案例，如图1-6所示，但是左图的短视频只有短短几十秒，是无法直接将该假说解释清楚的，而右图的中视频长达10多分钟，能让用户较为清晰地认识该假说。

图1-6 关于"曼德拉效应"的短视频（左）与中视频（右）

看清区别：中短视频比较

近两年，短视频蓬勃发展，以快手、抖音为首的短视频平台将短视频产业推向了一个高潮。虽然短视频已经成为一种营销的重要途径，但某些平台和部分运营者却发现短视频越来越不能满足营销需求了，于是中视频成了短视频之后又一个香饽饽。

虽然中视频和短视频只有一字之差，但两者之间存在一些差别，这些差别尽管在某些人看来不明显。具体来说，两者的差别主要体现在时间长度、展现形式、视频内容、运营及生产者和用户5个方面。

1. 时间长度

短视频的时间长度相对较短，大部分短视频平台时长限制在60秒以内，有的短视频平台甚至将时间长度限制在15秒以内。不过，值得说明的是，抖音、快手及微信视频号等平台早已放宽限制，虽然这些平台仍然标榜着短视频标签，但部分内容实际上属于西瓜视频所谓的"中视频"范畴了，如图1-7所示。

中视频的时间长度为1~30分钟，这个时间长度可

图1-7 抖音平台上的中视频

以容纳更多的内容，3个中视频的内容可以抵得上一部电影了（标准的电影时长为90分钟）。相对短视频而言，很显然，中视频的时间要长一些，用户创作的难度也大一些。

2. 展现形式

在许多平台中，短视频主要是以竖屏的形式进行展示的，只有少数短视频会用横屏；而中视频则正好相反，它的展现形式以横屏为主，竖屏为辅。相比之下，短视频的竖屏展现形式更容易让用户沉浸进去，如图1-8所示。

3. 视频内容

从视频内容的类型来看，短视频主要是娱乐和生活类的内容，且大多没有故事情节，因为短短几十秒很难将一个故

图1-8 竖屏类的短视频（左）与横屏类的中视频（右）

事讲清楚；而中视频中则更多的是科普和知识讲解类的内容。如图1-9所示，左图为抖音短视频，右图为西瓜视频上的中视频，我们能轻易分辨，该短视频拍摄的是作者在生活中写字画画之类的内容，而右图的中视频介绍的是关于基金的知识点。

图1-9　抖音短视频与西瓜中视频差异

从视频的节奏来看，短视频的节奏比较快，有的短视频用户看完之后还不明白讲的是什么；而中视频的节奏则相对较缓，能够将运营者和生产者的意图更好地展现出来。

4. 运营及生产者

短视频采取的基本都是UGC（User Generated Content，用户生产内容）模式，平台用户就是账号运营者和内容生产者。因此，其运营和生产者的专业性往往较低，更多的只是记录自己的生活，并且视频更新频率也没有一定的规律。

中视频采取的是PGC（Professional Generated Content，专业生产内容）模式，账号运营者和内容生产者有扎实的专业功底，专注于某领域，生产高质量内容。因此，这种模式下生产出的中视频质量相对高，而且运营者还会以相对固定的或有规律的频率进行更新。

5. 视频用户

许多用户都会利用碎片化时间观看短视频，这些用户看短视频仅仅是为了获得心理上的愉悦，看过的内容也不会有特别深的记忆；中视频的内容具有一定的专业性，用户通常能从中获得一些知识或信息，对于有价值的中视频，他们可能还会进行收藏。

TIPS 003 回顾当下：捋清中视频关系

从2020年开始，视频领域新入驻的用户越来越多，微信团队基于微信强大的生态，开始进军视频领域，知乎高调宣布自己往视频方向发展的"海盐计划"，百度决定以短视频为突破口打通壁垒，西瓜视频正式提出和发展"中视频"的概念，B站自制网剧大获成功……

可以预见的是，未来的视频领域竞争会更加激烈，这将是一场你死我活的厮杀，有的平台会跻身王者之列，而有些平台会黯然收场。无论结果如何，商场上的故事一如既往地上演着，以一句"月子弯弯照九州，几家欢乐几家愁"形容，再恰当不过。

1. 运营者与用户的关系

随着"中视频"概念的提出，视频领域开始出现了新赛道，其中的佼佼者便是西瓜视频和B站。姑且也将B站算上，但笔者不认为B站是一个纯粹的中视频平台，甚至不是一个纯粹的视频平台，后续笔者会进行具体分析。

B站文化氛围浓厚，尤其"吐槽文化""鬼畜文化"深入人心，无法融入这种文化氛围的用户，自然难以在B站主流中站稳脚跟。加之，YouTube中视频平台被GFW（Great Firewall of China，中国长城防火墙）阻隔，这面无形的墙不仅阻隔了西方势力和思想的入侵，阻隔了愚昧与无知，同时也阻碍了文化交流，但也在无形之中给了西瓜视频一个巨大的机遇，如图1-10所示。

当然，除了B站与YouTube这两大平台给西瓜视频留出了一条巨大的赛道外，西瓜视频能得到发展机遇，与自身平台特点也密

图 1-10　YouTube 中视频平台被阻隔

切相关。与B站相比较，西瓜视频没有文化壁垒，受众面要比B站广，用户年龄段分布以中年人为主。

2. 平台发展与运营者的关系

在2020年，除了直播带货颇受运营者欢迎外，知识类中视频也得到了长足发展。笔者以罗教授为例进行介绍。罗教授本是某大学的法律学教授，因幽默生动的授课方式意外走红。之后，他入驻B站，仅仅数天获得了400多万的关注。迄今为止，他依然在B站"笔耕不辍"，继续更新刑法知识中视频，粉丝量也飙涨到了1200多万，他因此获得了B站2020年度"最高人气奖"，如图1-11所示。

图1-11　罗教授的主页与视频

罗教授的走红，给中视频发展指明了另一种可能。罗教授不仅以渊博的知识与清晰的思维，给网友普及了法律知识，他还开始了知识变现，如视频下方会推荐某些法律书籍，又如会推出付费课程，如图1-12所示。

图1-12（a）　视频下方推荐的法律书籍

图1-12(b) 付费课程

与此同时,西瓜视频也开始大力扶持知识类中视频运营者,推出了一系列官方活动,带动运营者的创作能力。图1-13所示为西瓜视频与抖音共同举办的"知识创作人"系列活动。

图1-13 西瓜视频与抖音共同举办的"知识创作人"系列活动

视频中场:复兴的前奏

自2019年开始,芒果TV开始制作和播放微电视剧,每集时长为6分钟左右,这释放出了一个强烈的信号——长视频开始向下兼容。与此同时，抖音逐步解除了视频时长限制，开始让短视频向上兼容，以获取更多的流量，丰富平台的视频类型，开发运营者的创造力。而在此之前，对于普通运营者，抖音拍摄时长限制在15秒以内，只有运营者的粉丝数大于10万，才能拍摄时长大于1分钟的中视频。表1-1所示为抖音时长限制变化表，该变化暗示着中视频开始复兴。

表1-1 抖音时长限制变化表

时间	内容
早期	在抖音早期，普通运营者的视频时长都是15秒；若运营者要想拍摄1分钟的中视频，则其粉丝量必须大于1000；若运营者要想拍摄大于1分钟的中视频，则其粉丝量必须大于10万
2019年3月	针对知识类和科普类运营者，抖音开放5分钟中视频权限
2019年4月	抖音向全体用户开放1分钟中视频拍摄权限
2019年11月	抖音逐步开放15分钟中视频拍摄权限

随着抖音时长权限的开放，以及西瓜视频发布对中视频的定义，虽然笔者前面已对比过中短视频，但从全局来看，估计许多读者对短、中、长视频的共同点与不同点已有些混淆了。下面笔者总结了一张表格，帮助读者快速厘清这三者的关系，如表1-2所示。

表1-2 短、中、长视频的共同点与不同点

类别	短视频	中视频	长视频
时长	1分钟以内	1～30分钟	30分钟以上
生产模式	用户生产内容	专业生产内容	职业生产内容
展现形式	竖屏	横屏	横屏
国内平台代表	抖音、快手	西瓜视频、B站	优酷、爱奇艺
海外平台代表	TikTok	YouTube	Netflix、Disney+
主要视频类型	创意类	知识类	影视、综艺
平台盈利模式	广告与直播	广告与直播	会员付费与广告

逐渐发力：中视频成爆发点？

当长视频与短视频战场饱和之后，大家的目光开始聚集到了中视频上，许多运营者越来越重视中视频领域，它不仅能容纳更

多的内容，还是一片竞争力相对小的领域，成为运营者心中新的爆发点。下面笔者从两个方面具体分析，为什么中视频会逐渐发力，成为爆发点。

1. 中视频是真蓝海，还是造概念？

许多运营者错过了短视频红利，在面对中视频大"热"之际，心中却打起了退堂鼓，不禁怀疑："中视频到底是真蓝海（未知市场），还是造概念？"我们可以从西瓜视频老总的谈话中一窥其真面目：

时长上，中视频主要是1分钟到30分钟的视频内容。在这个时长里，创作人可以完整地讲述一个事情，表达更加连贯、从容，用户也可以获得更大的信息量，加深记忆。

形式上，不同于短视频以竖屏为主，中视频绝大部分是横屏。横屏画幅更宽广，呈现的视觉信息更丰富，更接近人眼中的世界。

生产上，中视频创作人里，PGC占比更高。这意味着，中视频有一定的制作门槛，需要创作人投入专门精力。

——摘自西瓜PLAY好奇心大会上的谈话

从这3段话中，我们可以了解，中视频或许可以促使视频产业的变革，让视频承载更多内容，甚至可以提高运营者的创作深度。与此同时，视频不再是短视频和长视频的天下，它的种类和商业形态将变得更加丰富。

根据西瓜视频老总的透露："中视频观看时长占抖音总时长的比例已经超过20%，同时西瓜视频内部估算数据也表示，目前中国用户每天观看中视频的总时长，已经超过短视频时长的一半，也是长视频时长的2倍，数据仍在快速增长中。"

虽然我们从他的话中能看出中视频隐藏着无限的潜力，是下一个爆发点，但运营者同时需要留意的是，中视频与短视频、长视频不同，后两者都具有专业平台，例如，抖音、快手等平台主打短视频领域，优酷、爱奇艺等平台主打长视频领域，而中视频的需求却被分散在各个平台，抖音在扶持中视频，B站也有中视频……正因为需求碎片化，才会导致中视频短时间内难以超越短视频和长视频。

2. 西瓜视频+抖音+剪映，头条系应用强强联合

在很多运营者看来，视频长短并不是他们关注的重点，他们关注的是中视频剪辑素材、平台氛围、流量池大小及平台商业变现能力。以B站为例，它的中视频创作可谓百花齐放，各类爆笑、温情、科普的中视频接二连三走进大众视野，成为大家喜闻乐见的网络文化。归根到底，B站之所以能吸引这么多运营者入驻，除

了它破圈之后"迷人"的商业吸金能力外，更多的还是依赖它的原创氛围。

西瓜视频在中视频上可谓煞费苦心，先是开始打造全新的内容场景，重点在知识、科普和母婴等细分领域布局。然后，西瓜视频与头条系应用联合，将抖音、火山小视频的精准流量引入西瓜短视频中。此外，最值得关注的是，西瓜视频将会以剪映作为官方剪辑工具，并且开发了iPad版和Mac版剪映，降低了中视频运营的剪辑门槛，为他们的中视频创作提供便利条件。在此基础上，西瓜视频、抖音和剪映合作，将会推出一个免费的版权素材库，降低运营者的侵权风险，如图1-14所示。

图1-14 免费的版权素材库

路线之争：B站与西瓜视频之争

当中视频的概念引发关注之际，在外界看来，西瓜视频和B站是最有可能成为中国版YouTube的，但B站CEO却说B站要成为中国版迪士尼。B站自从2020年初"破圈"之后，一路高歌猛进，雄心勃勃，大有碾压西瓜视频之势。

故事还得从西瓜视频定义"中视频"的概念谈起，到2020年第3季度，B站亏损扩大近两倍，其CEO在接受采访时依然吐露心迹，说："我一直不明白为什么有'中视频'这个提法，难道是比短视频长，比长视频短吗？"其矛头直指西瓜视频，如图1-15所示。

B站三季度亏损扩大近2倍 CEO █ 回应中视频概念

2020年11月19日 12:28 来源于 财新网

10月西瓜视频总裁 █ 提出"中视频"概念，对标B站。陈睿称，把视频做短做长都是容易的，难的是让用户喜欢

【财新网】（记者 关聪）"我一直不明白为什么有'中视频'这个提法，难道是比短视频长，比长视频短吗？"11月19日，哔哩哔哩（BILI．NASDAQ，下称B站）三季度财报电话会上，CEO █ 在回答有关视频行业竞争格局的问题时称，视频长度不是用户选择内容的关键要素。

10月20日，在2020西瓜PLAY好奇心大会上，西瓜视频总裁 █ 提出"中视频"概念。他认为，"中视频"主要有三个特点：时长在1-30分钟之间、横屏、PGC（即专业生产内容）为主。相较于短视频，"中视频"包含的信息量更多，有一定的制作门槛，需要创作者专门投入精力，而西瓜视频正是一款"中视频"产品。（详见：西瓜视频投20亿补贴创作者 能否追

图 1-15　B站CEO回应"中视频"概念

从B站CEO的回应来看，我们可以清晰地看出，西瓜视频与B站之争的论点已经不在"中视频"的概念，而是这两个平台之间的路线之争了。具体来说，B站是一个综合文化社区，它有短视频、中视频、长视频（动漫、综艺、影视剧等）和图文动态等多种内容形式。尤其是B站自制综艺《说唱新世代》《守护解放西》与网剧《风犬少年的天空》播出之后，大受欢迎，成为当时的热门话题。其中，《风犬少年的天空》作为B站出品的首部青春剧，播放量过亿，如图1-16所示。

图 1-16　庆祝《风犬少年的天空》播放量过亿的海报

西瓜视频也曾走过这条路线，2018年西瓜视频部署新战略，斥资40亿元，打造原生移动综艺。2020年，字节跳动以6.3亿元的巨资买下院线电影《囧妈》的

版权，在西瓜视频等头条系App上免费播放，如图1-17所示。正当大家以为西瓜视频会走上优酷、爱奇艺的长视频道路时，它却转头奔向了中视频赛道，据说是其内部否决了长视频战略，决定在它最擅长的中视频领域里发展。

图1-17 西瓜视频等头条系App可免费观看《囧妈》

其实，B站与西瓜视频的路线很明了，B站走的是社区文化路线，它今后依然会朝多方向全面发展，而西瓜视频属于头条系App，必然不可能齐头并进，而是会在中视频领域深耕，以免在定位上与抖音、今日头条等头条系其他App形成竞争关系，造成无谓的内部消耗。

中视频杂谈：它究竟能走多远？

截至2020年9月，我国短视频行业用户月活跃数量已高达8.59亿，在线视频行业用户月活跃数量也保持在8.45亿的规模。在短视频与中视频一争天下之际，"中视频"突然浮出水面。那么，短、中、长视频会不会形成三足鼎立的局面呢？或者说，中视频这个新概念到底能走多远呢？

1. 一个陌生而又熟悉的领域

如果按照西瓜视频给出的定义——"介于长短视频之间的PGC产品"，那么"中视频"便不是一个新鲜概念，也不是一个新鲜事物，它无时无刻不出现我们的身边。据相关机构统计，YouTube上所有视频的平均长度超过了10分钟，而且大部分视频长度都为5～25分钟；卡思数据曾经统计过B站3天内的100条热门视频长度，发现0～3分钟的视频只占23%，77%的热门视频全是3分钟以上的视频，如图1-18所示。加之，YouTube与B站都是PGC模式的视频平台，因此"中视频"领域其实是大家都很熟悉的一个领域，并没想象中的那么陌生。

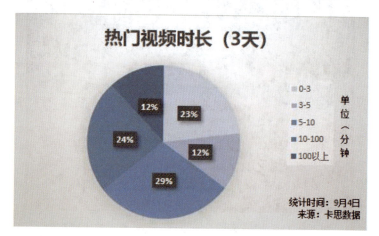

图1-18　B站3天热门视频时长统计

2. 中视频能兼顾内容深度与丰富性

不仅西瓜视频重新布局中视频领域，其他平台也有动作，据不完全统计，布局中视频领域的平台有微博、百度、知乎、爱奇艺等。可知，中视频领域入局的平台已经足够多了，而它们之中谁会胜出，这除了中视频内容外，还与它的变现能力有关。

中视频兴起：知识类创作人的狂欢

笔者前文已经提过，随着"中视频"概念的确立，知识与科普类中视频迎来了红利时期。与其他平台相比，西瓜视频用户以男性居多，尤其是35岁左右的青年居多，在浮躁的工业化时代，他们很难静下心来学习，于是观看知识类中视频成了他们扩展知识面和提升自己能力的一种方式。

在西瓜PLAY好奇心大会上，西瓜视频老总举了一个生动的例子："×××笔记"账号的运营者是一个大型远洋货船的船长，他在西瓜视频上以中视频的形式记录了他远渡重洋的日常生活。在他的中视频里,用户不仅能了解大型远洋货船的内部空间,看到海港熹微的晨光,还能从中学到很多航海和货船知识,如图1-19所示。

图1-19 "李船长笔记"账号发布的中视频

第2章

市场新机遇：
中视频助力职业化创作

在笔者看来，中视频的出现，意味着短视频产业开始走向成熟，形成了一条产业链，让创作者、剪辑师和运营者从业余人员成为职业化的中视频领域从业者，这是一种趋势。虽然在这个过程中，中视频还面临着许多亟待解决的问题，但它的复兴之路业已开启！

| 市场分析篇
第 2 章 市场新机遇：中视频助力职业化创作

中视频崛起：短视频将走向没落？

如果短视频时代结束了，我们会走进一个什么样的时代？答案或许是中视频时代。如果按照西瓜视频定义的"中视频"来说，抖音、西瓜视频上的很多视频都算不上短视频了，它们已经具备中视频的雏形了，下面笔者从3个角度来分析，为什么短视频已经渐渐显示出走向没落的苗头。

1. 时长

打开抖音、快手或西瓜视频，我们能明显感知到，与短视频崛起的那两年相比，如今的"短视频"大多超过1分钟了，记录个人生活的视频依然只有几十秒，其他视频动辄5分钟左右。

2. 内容创作模式

在快手和抖音初"火"之时，运营者大多是个人，也就是说运营者纯粹是处于好奇或跟风，才拍摄短视频。而随着短视频红利时代到来，流量和变现成为了运营者的第一追求，于是个人运营者逐渐退出了历史舞台。

在平台上活跃的短视频"大V"，表面只有寥寥数人出镜，而背后却是一个庞大的运营团队，他们中有负责剧本策划的，有负责摄影的……甚至很多个人运营者都签约文化传媒公司。因此，他们拍摄短视频已经不是出于个人目的了，而出于一个专业团队的策划。这类运营模式，我们称之为专业内容生产模式，即PGC。比如，某运营者不仅拥有抖音团队，还开了一家公司，这就是典型的PGC模式，如图2-1所示。

3. 展现形式

在笔者看来，竖屏和横屏各有各的好处，竖屏能为用户提供沉浸式体验，这对于只有几十秒的短视频来说是非常适用的。但中视频就

图 2-1 以 PGC 模式运营的账号

不适合用竖屏了,因为竖屏无法容纳更多内容,无法为用户提供更宽广的视角,这就是我们常见的电视剧、电影,哪怕是十来分钟的微电影,都采用横屏画幅的原因。

因此,运营者在拍摄中视频时,可以采用电影中的横屏画幅。常见的电影画幅比例为1.33(4∶3)、1.77(16∶9),以及基于这两种画幅比例进行修改的变种,如图2-2所示。

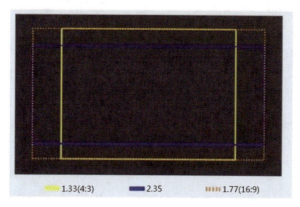

图 2-2 常见的电影画幅比例

综上所述,我们可以发现,无论在时长和内容创作模式上,还是在视频展现形式上,中视频创作已具备相对成熟的条件。如果后续能提高中视频的变现能力,增加更多变现类型,相信它在未来日子里会非常耀眼。

发展历程:中视频也有前世今生

从国际角度来说,最早的中视频平台是YouTube。国内也出现了最早的中视频平台——土豆网,它是国内最早的视频网站,虽然后来它被优酷吞并,逐渐被世人淡忘。自此之后,优酷、酷6、搜狐和六间房等视频平台如雨后春笋般出现,一场中视频大战似乎就要上演。

就在投资者和业内人士纷纷以为,在这些视频平台中会崛起一个中国版YouTube时,现实将他们狠狠地打醒了。在智能手机还未普及时,中国普通民众生活水平尚低,网络娱乐还未成为大众娱乐方式,而更现实的问题是,相机和摄影机在我国普及度很低……这些林林总总的原因，终究还是造成了这些时代"弄潮儿"的夭折，于是视频发展方向便走向了长视频领域。

当时美国的数码相机和数码摄录机普及率达到了64%和50%，这就是YouTube中视频能快速起步的重要原因，如图2-3所示。

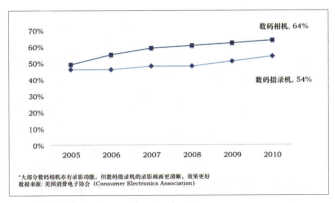

图2-3　2005—2010年美国家庭数码相机和数码摄录机普及率

2011年，iPhone 4手机正式发布，它的横空出世意味着智能手机时代正式开启，手机开始全面占领我们的生活。尤其是智能手机的数据流量、WiFi及摄影功能，直接催生出了短视频这一视频形式。

随着5G网络和WiFi6（第6代无线技术）的普及，最便宜的5G手机以1000多元的价格走进寻常百姓家；智能手机摄影功能的飞速进步，如智能手机能拍摄1亿像素的8K清晰度影片，拥有微云台防抖功能，能进行120倍数码变焦……当初因相机和摄录机无法普及而夭折的中视频，终于寻找到了新的突破口，它将会以一种全新的形式回归到我们的视野之中。

中视频背后：西瓜视频如何破局？

在西瓜PLAY好奇心大会上，西瓜视频的老总坦言道："西瓜视频未来一年将用20亿元扶持优质视频创作者，抖音与西瓜视频的边界将越来越清晰，中视频这个赛道对我来说是一个新的挑战……"接下来，笔者从3个角度出发，具体谈一谈，面对新的挑战，西瓜视频该如何破局。

1. 突围之战

西瓜视频的前身是头条视频，在2020年9月10日，西瓜视频品牌升级，不仅更换了品牌Logo，还将Slogan（标语）从"给你新鲜好看"改成了"点亮对生活的好奇心"，从现在来看，这一举动可以看成是西瓜视频吹响了进军中视频领域的号角，同时这也是西瓜视频突围之战的开始。

2. 勠力同心

之后，西瓜视频与抖音在视频剪辑和话题上进行了联动，它想借助抖音的影响力，为西瓜视频吸引更多的用户和创作者。当然，二者的合作也是有边界的，字节跳动旨在发展西瓜视频，让抖音和西瓜视频走向差异化发展道路。

3. 发展趋势

2020年10月西瓜视频发布了《中视频创作人职业发展报告》，如图2-4所示。

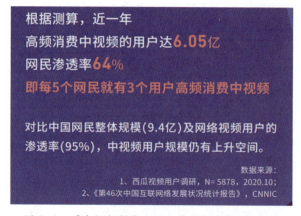

图 2-4 《中视频创作人职业发展报告》（部分）

相对于娱乐化的短视频而言，中视频在发展过程中所承载的东西更多，它需要兼顾娱乐性与知识性。在《中视频创作人职业发展报告》中，网民对中视频的印象偏向"知识""学习""认识世界"的标签居多，如图2-5所示。

图 2-5 网民对中视频的印象

烽烟四起：中视频之战

谈到中视频平台，笔者的描述重心自然就落到了西瓜视频和B站上了。西瓜视频属于头条系应用，商业能力丰富，是创作者可靠的广告变现平台。而B站承诺过自己永不加贴片广告，这是B站的魅力所在，同时它束缚了B站的变现能力，阻碍了B站的商业化发展。下面笔者就从内容生态和商业化发展角度，谈一谈对中视频未来发展的看法。

1. 内容生态之难

对于字节跳动、腾讯、百度等大企业来说，推出一个全新的中视频平台并不难，难就难在如何打造一个蓬勃发展的内容生态。从企业的角度来说，它需要企业投入大量的财力物力，扶持一大批内容创作者，西瓜视频所言的投入20亿元扶持中视频创作者，即属于此类。

从内容变迁路径来看，文字、音频、视频是逐步普及的（该历程分别可对应微信、喜马拉雅FM、抖音）。从运营者的角度来看，在此历程中，虽然手机可以成为视频剪辑工具，但依旧存在很高的创作门槛。

例如，运营者拍摄一个几十秒的短视频，拿手机、相机随手一拍就行。而中长视频却不同，它需要运营者有更强的能力，如长镜头，它一直都是拍摄中长视频的难点。

因此，中视频在一定程度上提高了创作门槛，这是中视频本身的属性决定的，而平台需要做的就是出台配套的措施，降低创作门槛，提高作品质量。例如，西瓜视频与抖音联合推出多平台的剪映，这释放出一个好消息，西瓜视频在努力寻求降低创作门槛的解决方案。

2. 商业化发展之难

当西瓜视频买下众多影视作品版权之时，大家认为它是想在长视频领域发展，然而长视频领域需要源源不断的巨额资金砸入，且这种投入见效很慢。中视频的提出，能很好地解决西瓜视频的困境，可以通过中视频积累经验，为以后继续进军长视频领域做铺垫。

聚焦中视频：西瓜视频到底如何布局？

2020年10月20日，西瓜视频老总在接受媒体采访时透露了西瓜视频近期的重心："西瓜现阶段重心是中视频，所有西瓜视频的业务，都将围绕着这一中心持续集中地投入。"那么，根据西瓜视频官方爆出的料，我们能看清楚西瓜视频的哪些布局呢？下面笔者就来具体分析一下。

1. 砸钱不设上限

从2020年下半年开始，头部平台都开始在中视频上发力，抖音公布了一个800亿元的创作者激励计划，其中创作者并不设限制，中视频创作者也囊括在其中；西瓜视频也不含糊，拿出20亿元扶持中视频运营者。

在笔者看来，这种投资是极具战略意义的，短视频和长视频领域巨头林立，市场已几近饱和，砸重金开拓新的市场是势在必行。例如，短视频行业的用户黏性大，尤其是游戏和购物类账号，都拥有良好的粉丝黏性，西瓜视频等平台重新入局短视频领域，是一个不明智的做法，如表2-1所示。

表2-1　短视频用户人群偏好比例

短视频用户人群	偏好比例	短视频用户人群	偏好比例
对战类游戏爱好者	34.8%	购物达人	22.8%
煲剧一族	6.8%	手机卫士达人	6.6%
脱口秀爱好者	5.1%	办公达人	4.6%
理财达人	3.6%	出行达人	2.6%
时尚达人	2.3%	旅游达人	1.7%

此外，短视频行业巨头早早获得了融资，其短视频势力和变现能力已足够强大，其他头部平台若贸然进军短视频领域，无异于"自杀"，如表2-2所示。

表2-2　短视频平台融资情况

平台方	成立时间	融资时间	融资金额
抖音	2016年	2017年	天使轮融资数百万元
快手	2011年	2017年	D轮融资3.5亿美元
秒拍	2011年	2016年	E轮融资5亿美元
花卷	2016年	2017	B轮融资4000万美元

根据第三方机构分析，随着5G时代的来临，视频领域的发展会越来越纵深化，用户对视频质量要求也越来越严格，诞生"中视频"赛道也在意料之中。

2. 抖音成流量池

从近期抖音与西瓜视频的联合与互动程度可以看出，头条系想打通这两个产品，将抖音流量分配一部分给西瓜视频。这种做法其实很常见，微信早期流量就是通过腾讯自家的产品QQ导流过去的。

在抖音平台上已经有了部分中视频需求，但是由于抖音在中视频领域的体验没有做好，如用户刷到中视频时，只能像短视频一样以竖屏形式观看，无法旋转成横屏观看。头条系恰好利用了这一点，将这部分抖音用户引流到西瓜视频上。

3. 商业化能力得到了提高

十几年前，一部"吐槽"《无极》的中视频《一个馒头引发的血案》火爆网络，它只是一个影视爱好者的业余之作。图2-6所示为B站某运营者的重制高清版《一个馒头引发的血案》，它依然深受用户欢迎，并被称为"祖师爷"。

图2-6　高清版《一个馒头引发的血案》

如今随着头条系大量资金投入，视频生态已基本成形，视频商业化能力得到了大大提高，这预示着中视频运营者可以依赖西瓜视频的投资和生态，成为职业的中视频生产者。

长视频分裂：中视频的机会？

2020年是长视频领域相对艰难的一年，许多策划的影视剧都放慢了进度，电影院也关停了大半年，全球影视行业都在萎缩。

在这种情形下,中视频是否真正迎来了蓬勃发展的好机会?

1. 长视频开始止损

在影视行业萎缩的情况下,腾讯、爱奇艺、优酷这3大长视频平台不得不缩减资金,减少亏损。随着日深月久,版权成本在过去的7~8年水涨船高,长视频网站不得不联合起来,收缩成本。以爱奇艺为例,2015—2019年,虽然爱奇艺在长视频领域基本处于亏损状态,但总收入呈现年年攀升的趋势。2020年第一季度,爱奇艺甚至出现了经营净资金为负的情况,如图2-7所示。

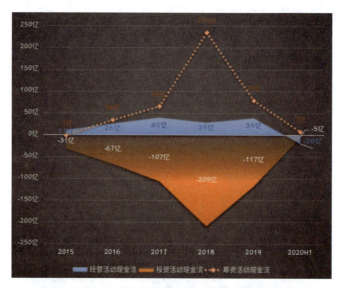

图2-7　2015—2019年爱奇艺现金流

长视频网站要想渡过难关,必须"开源节流"。在"开源"上,3大长视频平台都开始上调会员服务费价格。在"节流"上,2020年5月,3大长视频平台与6大传媒公司联合发起《关于开展团结一心,共克时艰,行业自救行动的倡议书》,倡议书强调:"即日起将对影视剧、综艺节目生产的各环节成本体系、价格体系进行动态调整。"

2. 中视频开始发力

在短视频大行其道的当下,长视频平台连年亏损,陷入了焦虑和困境之中,传统的电视台和广播更是举步维艰。有业内人士甚至认为,长视频面临着前所未有的生存危机。在笔者看来,长视频发展存在如下4个问题:

(1)平台管理水平低下。

(2)盈利模式已过时,太过于依赖广告来盈利。

（3）自制作品质量参差不齐。

（4）部分营销模式已走偏。

因为这种问题与困境，于是长视频平台都在想办法寻求新的出路。2020年4月，爱奇艺推出新产品"爱奇艺随刻版"，旨在发展"长视频+中短视频"战略。它的这种举动与2020年下半年西瓜视频的举动不谋而合，区别在于爱奇艺重在影视与综艺，西瓜视频侧重于中视频。

只言片语：关于中视频的思考

下面介绍中视频领域存在的一些问题。

1. 创作者数量不足

笔者前文已花费大量篇幅讲解了中视频与短视频的差别，大家肯定也能从中发现中视频的创作难度远大于短视频。目前颇受欢迎的中视频类型无外乎生活类Vlog与知识科普类中视频，前者要求运营者有高审美和高超的剪辑能力，后者要求大家有专业领域知识。

虽然西瓜视频面对这种情况做了一些准备，但是这些准备还是不足以应付创作者数量的问题。即使西瓜视频成功从抖音引流了一批创作者，但是要这些创作者突然将几分钟的视频加长至十几分钟，还是很有难度的。

2. 创作者盈利问题

"创作者盈利问题"是用户都很关注的事情，大家想在中视频领域发展，无外乎就是想盈利，想获得更大的利益。正是因为中视频的创作难度大，因此中视频运营者大多是职业人员，这对于非职业的运营者来说是一件非常残酷的事情——难以竞争过职业运营者，难以盈利。因此，在中视频领域，职业运营者的比例将大大超过非职业运营者，从体量上来说，中视频短时间内难以将短视频彻底按倒。

从B站知识付费情形来看，用户跟随的是优质的内容，而不是视频的长短。因此，西瓜视频的中视频之路还处于摸索之中，后续官方也会出台相关政策，解决大家所关心的问题。

商业运营篇

第 3 章

账号定位：
让你的作品快速上推

在中视频平台上，如西瓜视频和B站等，营销账号非常多，那么如何让你的账号从众多账号中脱颖而出，快速被用户记住呢？方法很简单，就是通过账号定位和数据分析，为账号打上自己的标签。

确定方向：账号定位方法

账号定位就是为运营者确定一个方向，为内容发布指明方向。那么，运营者如何进行中视频账号定位？笔者认为，大家可以从4个方面进行思考。

1. 根据自身专长做定位

对于拥有专长的人群来说，根据自身专长做定位是一种最为直接和有效的定位方法。运营者只需对自己或团队成员进行分析，然后选择某个或某几个专长，进行账号定位即可。

例如，某账号的运营者就是一位拥有动人嗓音的知名音乐人，他有扎实的唱功底子和乐理知识。根据这个专长，他将自己的账号定位为音乐教学账号，并将账号名字改为"×××学唱歌"。他通过该账号重点分享自己的音乐教学视频，如图3-1所示。

图3-1 "×××学唱歌"账号

又如，号称"B站第一长腿"的某运营者擅长舞蹈，拥有曼妙的舞姿。因此，她将账号定位为舞蹈作品分享类账号。在这个账号中，该运营者分享了大量舞蹈类中视频，这些作品也让她快速积累了大量粉丝，如图3-2所示。

图 3-2　舞蹈作品分享账号

当然，自身专长包含的范围很广，除了唱歌、跳舞等才艺之外，还包括其他诸多方面，就连游戏玩得出色也是自身的一种专长。

例如，某游戏主播擅长玩"王者荣耀"游戏，便将西瓜视频账号定位为"王者荣耀"视频分享的账号，并将账号命名为"指法芬芳×××"。图3-3所示为其发布的游戏类视频。

图 3-3　账号"指法芬芳×××"发布的视频

由此不难看出，只要运营者或其团队成员拥有专长，且该专长领域又受人关注，那么他们将该专长作为账号定位，是一种不错的定位方法。

2. 根据内容稀缺度做定位

运营者可以从平台相对稀缺的内容出发，进行账号定位。例如，某运营者的定位就是分享自己的美食日常，如图3-4所示。

图3-4　分享美食日常的账号

西瓜视频上专门做美食视频的比较多，但是这种试吃各种稀奇古怪的土特产的运营者却不常见。因此，他的这个内容就具有了一定的稀缺性，受到了用户的喜欢。据笔者采访，许多用户看到封面上稀奇古怪的食品，对视频内容就倍感好奇，从而忍不住想点进去观看。

3. 根据内容类型做定位

通常来说，用户有需求的内容更容易受到欢迎。因此，运营者通过结合用户的需求和自身专长进行定位，也是一种不错的定位方法。

大多数女性用户都有化妆的习惯，但又觉得自己的化妆水平还不太高。因此，这些女性用户通常都会关注美妆类内容。在这种情况下，运营者如果对美妆比较擅长，那么将账号定位为美妆账号就比较合适。

例如，某创作者是入驻微博等平台的美妆博主，加之西瓜视频上有许多女性用户对美妆类内容感兴趣，因此，她入驻西瓜视频之后，便将账号定位为美妆类账号，持续为用户分享美妆类内容。

除了美妆之外，用户普遍需求的内容还有很多，如音乐、舞蹈、游戏和美食等。笔者此处以美食制作为例，西瓜视频上许多用户，特别是比较喜欢做菜的用户，通常都会寻找一些新菜肴的制作方法。因此，如果运营者是厨师，或者擅长烹饪，可以将账号定位为美食制作分享账号。

例如，某运营者就将她的账号定位为美食制作分享，如图3-5所示。因为该账号将美食

图 3-5　某运营者的 B 站账号

的制作过程进行了比较详细的展示，再加上许多菜肴都是用户想要亲自制作的。因此，她发布的中视频轻易就能获得高播放量和点赞量。

4. 根据品牌特色做定位

根据品牌特色做定位是一个企业号的定位方法，许多企业和品牌在长期的发展过程中可能已经形成了自身的特色，此时，如果根据这些特色进行定位，通常会比较容易获得用户的认同。根据品牌特色做定位又可以细分为两种方法。一是以能够代表企业的物体做账号定位；二是以企业或品牌的业务范围做账号定位。

某品牌就是一个以"海尔兄弟"品牌形象代表企业的物体做账号定位的西瓜视频账号。这个账号经常会分享一些视频，视频中将海尔兄弟的卡通形象作为主角打造内容，如图3-6所示。

图 3-6　"海尔兄弟"品牌形象

熟悉这个品牌的人群，都知道这个品牌的卡通形象就是视频中的这两兄弟。因此，该运营者的中视频便具有了自身的品牌特色，而且这种通过卡通形象传达的信息往往更容易被人记住。

账号设置：细节不可忽略

试想一下，用户在刷中视频时，通常是利用碎片化的时间快速浏览，当他浏览到一个界面时，为什么会停下来？

他停下来最根本的原因是被账号表面的东西吸引了，并不是具体的内容，因为内容是用户点进去才能看到的。那么，账号表面的东西是什么？主要是整体数据和封面图，以及账号对外展示的东西，如名字、头像和简介等。

1. 命名简单易记

在中视频平台上，账号名称需要有特点，最好与自身定位相关，让人眼前一亮。例如，西瓜视频上的"手机摄影构图大全"和"××公司"，名称通俗易懂，且符合他们的账号定位，如图3-7所示。

图3-7　让人眼前一亮的账号名称

在设置账号名称时有3个基本技巧，具体如下：

（1）名称不能太长，太长的话用户不容易记忆。

（2）名称尽量不要用生僻字或过多的表情符号。

（3）最好能体现人设感，即看见名称就能联系到人设。人设是指人物设定，包括姓名、年龄和身高等人物的基本设定，以及企业、职位和成就等背景设定。这样，平台用户一看就知道你是做什么的，如果他对你的业务有相关需求，便会关注你的账号。

2. 设置账号头像

账号的头像也需要有特点，必须展现自己最美的一面，或者展现企业的良好形象。进入"编辑资料"界面，从相册中选择或拍照选择头像即可修改。图3-8所示为西瓜视频和B站修改头像的界面。

图 3-8　西瓜视频头像修改（左）与 B 站头像修改（右）

在设置账号头像时有3个基本技巧，具体如下：

（1）头像一定要清晰。

（2）个人账号一般使用运营者的肖像作为头像。

（3）团体人设账号可以使用代表人物形象作为头像，或者使用公司名称、Logo等标志。

3. 添加个人简介

除了头像、昵称的设置之外，运营者还可在"编辑个人资料"界面中填写性

商业运营篇
第3章 账号定位：让你的作品快速上推

别、生日/星座、所在地和个人介绍等个人资料。

在这些资料中，中视频运营者需要注意的是账号简介。一般来说，中视频账号简介通常是简单明了，一句话解决。其主要原则是"描述账号+引导关注"，基本设置技巧如下：

（1）前半句描述账号特点或功能，后半句引导关注，一定要明确出现关键词"关注"，如图3-9所示；

（2）账号简介可以用多行文字，但一定要在多行文字的视觉中心出现"关注"两个字；

（3）用户可以在简介中巧妙地推荐其他账号，不建议直接出现"微信"二字，而抖音与西瓜视频同属今日头条公司，在西瓜视频账号简介上注明抖音账号信息，是不会被限流的，如图3-10所示。

图3-9 在简介中引导关注

图3-10 巧妙推荐其他账号

特别关注：直接分析数据

运营者在运营的过程中，内容既是运营的重心，也是用户熟悉、接受产品和品牌的重要途径。因此，运营者需要对内容进行重点关注——不仅要策划、收集、制作内容，更要对自己的运营内容进行评估，以便确定未来的账号定位和内容运营方向。下面以"手机摄影构图大全"账号为例，从推荐量和播放量等方面进行分析。

1. 中视频推荐量

在抖音和西瓜视频平台上，推荐量都是一个非常重要的数据，能在很大程度上影响视频的播放量。当然，推荐量这一数据与文章质量紧密关联：质量好，契合平台推荐机制，那么当天发布的视频的推荐量就多；质量差，不符合平台推荐机制，那么当天发布的视频的推荐量就少。

那么，推荐量究竟是什么呢？推荐量就是平台系统得出的一个关于发布的视频会推荐给多少用户来阅读的数据。这一数据并不是凭空产生的，而是系统通过诸多方面的考虑和评估而给出的，影响推荐量的主要因素有该账号在最近一段时间内发布视频的情况、中视频内容本身的用户关注热度等。

运营者可以通过登录头条号后台或西瓜中视频助手进行查看。在此，笔者以头条号后台的"西瓜视频"相关数据来进行介绍。

在头条号后台的"西瓜视频"界面，运营者可以在内容管理界面查看每一个视频内容的推荐量。图3-11所示为西瓜视频上"手机摄影构图大全"中视频的推荐量展示。

图3-11　"手机摄影构图大全"中视频的推荐量展示

2. 中视频播放量

在平台的数据分析中，有多个与播放量相关的数据，即具体视频的播放量、昨日播放量、昨日粉丝播放量、累计播放量等。运营者可以在"内容管理"界面的推荐量旁查看该具体视频的播放量。它表示有多少用户在该平台上观看了此中视频内容。

运营者可以在头条号后台的"西瓜视频"的"数据分析"界面的"昨日关键数据"区域中查看其他3项播放量，如图3-12所示。

图3-12 昨日关键数据

其中，"昨日播放量"指的是昨日有多少用户观看了该视频；而"昨日粉丝播放量"指的是有多少已成为自身账号粉丝的用户在昨日观看了该视频。把每一天的"昨日播放量"相加，就是"累计播放量"。

当然，"昨日播放量"和"昨日粉丝播放量"在平台上是每天都有记录的，这样就构成了"数据趋势图"中的"播放量"和"粉丝播放量"数据，如图3-13所示。其中，运营者可以查看30天内的数据。

图3-13 "数据趋势图"中的"播放量"和"粉丝播放量"

平衡手段：利用长尾效应

长尾效应（Long Tail Effect）指的是在数据正态曲线分布图中，大多数的需求集中在其头部，而个性化的需求体现在其尾部。当运营者在分析数据时，可以适当利用长尾效应，平衡用户的大多数需求和个性化需求。

1. 收藏量转发量

在头条号后台的"西瓜视频"的"数据分析"界面,"每日创作者视频总计数据明细表"和"每日发布视频实时统计数据明细表"中,除了"播放量"和"播放时长(分钟)"外,二者共有的数据还有"收藏量"和"转发量"。

可见,在对视频内容进行评估时,"收藏量"和"转发量"都是关键数据,它们都是用来衡量中视频内容价值的。

1)收藏量

收藏量表示的是有多少用户在观看了视频之后,想要将视频内容进行收藏,以备后续观看。这一数据代表了用户对内容价值的肯定。

试问,如果用户觉得视频内容没有价值,他会收藏吗?答案当然是否定的。可见,只有当视频内容对用户来说有价值时,他们才会毫不犹豫地选择收藏。

对运营者来说,要想提高收藏量,首先就要提升视频内容的推荐量和播放量,并确保中视频内容有实用价值。只有高的推荐量和播放量,才能在大的用户基数上实现收藏量的大的提升;只有视频内容有实用价值,如能提升用户自身技能、能用在生活中的某一方面等,才能让用户愿意收藏。

2)转发量

与收藏量一样,转发量也是用来衡量视频内容价值的。它表示的是有多少用户在观看了视频之后,觉得它值得分享给别人。一般来说,用户把观看过的中视频转发给别人,主要基于两种心理,如图3-14所示。

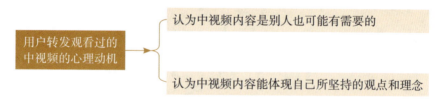

图 3-14 用户转发观看过的中视频的心理动机分析

同是用来衡量中视频内容价值,转发量与收藏量还是存在差异的——转发量更多的是基于内容价值的普适性而产生转发行为。从这一点出发,运营者想要提高转发量这一内容评估数据量,就应该从3个方面着手打造中视频内容,提升内容价值,如图3-15所示。

商业运营篇
第 3 章 账号定位：让你的作品快速上推

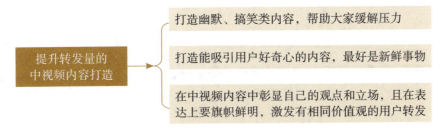

图 3-15 提升转发量的中视频内容打造

2. 中视频点赞量

在中视频平台上，点赞量是评估中视频内容的重要数据。对用户来说，只要视频中存在他们认可的内容，就会主动点赞。例如，用户会因为视频中所包含的正能量而点赞，也会因为其中所表露出来的某种情怀而点赞，还会因为播主某方面出色的技能而点赞，更有可能因为视频中漂亮的小哥哥小姐姐而点赞……

不同的账号、不同的内容，其点赞量的差别很大，某些"大V"号的点赞量可以达数百万、数千万，某些小账号的点赞量甚至有可能为0。在点赞量问题上，运营者当然希望越多越好，但在评估运营内容时，还需要把总点赞数和具体内容的点赞数结合起来衡量。

其原因就在于，某一账号的点赞数可能是由某一个或两个中视频撑起来的，其他中视频内容的点赞数平平。此时，运营者就需要仔细分析点赞数高的中视频内容，到底它们有哪些方面是值得借鉴的，并按照所获得的经验一步步学习、完善，力求持续打造优质中视频内容，提升整体的运营内容价值。

用户属性：关注性别年龄

性别和年龄这两个属性非常重要，男性用户与女性用户喜好天差地别，年龄不同的人群的喜好和审美特点也呈阶梯状分布。因此，这两个属性能在一定程度上决定内容的火爆程度。

1. 关注性别

随着行业不同、中视频内容不同，该账号的用户性别属性也会存在相同点和不同点。运营者要做的是从这些共性的性别属性中，确定视频平台账号的目标用户群体的性别属性。图3-16所示为西瓜视频上两位运营者的用户性别分布图。

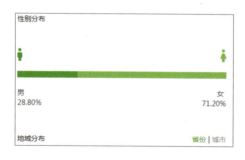 

图3-16 两位运营者的用户性别分布图

这两位运营者专注于美妆领域,在他们的用户性别分布图中,女性用户占比明显远远多于男性用户占比。可见,在西瓜视频上,美妆类账号的用户大多以女性为主。基于此,运营者要基于用户性别分布情况,制定不同于公众号、头条号等平台的内容运营策略,增加更多适合女性用户的美妆内容。

2. 关注年龄

图3-17所示为西瓜视频上两位运营者的用户年龄分布图,将鼠标指针移至占比最大的年龄段色块上,可显示该年龄段的用户占比数据。

同样,这两位运营者专注于美妆领域,在他们的用户年龄分布图中,占比最多的是"18~24"这一年龄段内的用户,几乎占了一半;其次是"25~30"和"6~17"的年龄段内的用户。偏向年轻群体。可见,他们的中视频内容是符合平台整体的用户定位的,因而获得了大量用户关注。

总而言之,运营者可以根据自身情况,在分析这些用户数据的情况下,安排后续的中视频内容,从而打造出符合用户偏好和能满足用户需求的内容。

 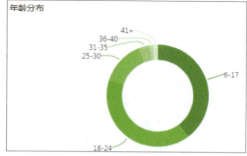

图3-17 两位运营者的用户年龄分布图

用户分布：关注地域职业

用户的地域分布与职业，决定了他们的收入水平，同时也影响了他们在中视频平台上的购买能力，下面对这两者进行具体分析。

1. 关注地域

图3-18与图3-19所示为西瓜视频上某两位运营者的用户地域分布图。在地域分布图中，可分为"省份"和"城市"两类分布数据情况，运营者可以一一查看。

地域分布	省份 | 城市	地域分布	省份 | 城市
名称	占比	名称	占比
广东	11.36%	北京	5.47%
江苏	8.06%	上海	5.25%
浙江	6.43%	广州	4.61%
山东	6.04%	成都	4.46%
河南	5.53%	重庆	4.08%
四川	5.40%	深圳	4.00%
安徽	4.05%	杭州	2.96%
湖南	4.02%	武汉	2.83%
河北	3.88%	西安	2.72%
辽宁	3.68%	苏州	2.58%

图 3-18　用户地域分布（其一）

地域分布	省份 | 城市	地域分布	省份 | 城市
名称	占比	名称	占比
广东	13.49%	重庆	5.68%
四川	7.04%	成都	4.91%
江苏	6.03%	北京	4.79%
浙江	5.87%	广州	4.51%
山东	5.60%	深圳	4.30%
河南	5.24%	上海	3.77%
湖南	4.64%	武汉	2.43%
湖北	4.10%	西安	2.37%
福建	3.77%	长沙	2.01%
广西	3.70%	杭州	1.99%

图 3-19　用户地域分布（其二）

在用户地域分布中，"省份"分布图显示占比最多的都是广东省，且都为

11%~14%，远多于其他省份；"城市"分布图显示占比排名前十的是经济发达的城市，特别是"北上广深"和"成都""重庆"六大城市。

因此，运营者可以基于这些省份和城市的用户属性和工作、生活，进行资料的搜集和整理。最后进行归纳总结，安排一些目标用户可能感兴趣的内容，相信这样可以吸引到更多的用户观看。

2. 关注职业

上文已基于两个西瓜视频账号的数据对用户属性进行了分析，其实除了这些以外，运营者还应该了解更多的用户数据和属性。本节就从西瓜视频用户的职业出发来进行介绍。

大家都知道，西瓜视频用户大多是30~35岁的青年人，这一群人是从事各行各业的工作者。这样的一群人，是有着鲜明特征的一群人——他们为生活所累，比较守旧，不像抖音用户那么年轻和活泼。从这一基于用户属性的特征和需求出发，运营者在平台上发布符合他们需求的优质中视频内容，必然是受欢迎的。

提升能力：关注访问量

现在是全民玩新媒体的时代，不管是用户，还是商家，大家都在积极参与。玩新媒体的人可以分为两种，第一种人是单纯带着娱乐性质在玩，第二种人是想要利用新媒体平台进行营销，并获得收益。

下面就以西瓜视频为例，具体分析第二种人。从用户访问量来看，如何利用访问量为新媒体内容助力，让用户更加了解品牌产品，是运营者的首要目标。此处的访问量在西瓜视频平台指的是用户点击量和视频播放量。很多运营者都有疑问：当我将精心编辑的中视频发布到西瓜视频平台后，几个小时过去了，发现还是只有寥寥数个浏览量，这是为什么？

这种现象很容易解释，现在很多新媒体平台奉行一个原则——马太效应，即"强者恒强，弱者愈弱"。创作者拥有庞大的粉丝群体，一旦他们有新作品发布，粉丝就会争先恐后去观看、评论、点赞和转发，这就是"强者恒强"原则的体现。这些粉丝就是访问量的根本保障，只要中视频播放指标达到西瓜视频平台规定的播放量，他们的中视频就会上热门。

图3-20所示为有关烹饪的中视频,为什么第一条中视频可以上推荐上热门,而第二条就只能在角落默默无闻呢?其主要原因就是第一条中视频不管是画面颜色,还是节奏的把握、背景音乐等方面都比第二条要好,所以,第一条中视频上热门是很正常的事情。

图 3-20 有关烹饪的中视频

相反,如果运营者的账号连粉丝都没几个,怎么能产生大量的访问量呢?这样产生的后果只有一个——运营者发布的中视频没人观看。但是,那些坐拥庞大粉丝群体的创作者与新人有一个共同点——他们也是从0个粉丝起步,变成了现在拥有几百万甚至1000多万粉丝的创作者,这其中需要一个过渡期而已。

在过渡期,运营者还是要解决如何增加访问量的问题,究竟一个新人怎么做才可以做到发中视频有人观看呢?其实这是一件需要运气和技巧的事情。首先,新人必须有高质量的内容;其次,当中视频发布之后,新人可以适当地做一些数据操控,这样就会有很大的机会上推荐和热门了。

在这之前,运营者需要知道新媒体平台的推荐机制。具体来说,今日头条、抖音和西瓜视频都是头条系应用,推荐原理相差不大。笔者以西瓜视频平台的推荐机制为例进行介绍,如果商家发布的中视频符合平台规定,又是原创内容,那么西瓜视频一开始会将中视频推荐给300个在线用户。这个中视频能不能"火"起来,取决于中视频内容的质量和那300个在线用户的观看数据。

笔者在西瓜视频推荐中刷视频时，不仅能刷到高点赞量、高评论量的中视频，还会刷到点赞量和评论量都比较少的中视频，当笔者刷到这类中视频，就意识到自己就是那300个初始用户之一，如图3-21所示。只要中视频中的情节或场景可以打动初始用户，这个中视频就有可能被他们点赞、评论和转发，从而达到某种营销推广效果。不过，商家想要这个中视频"火"的概率变得更大的话，还需要注意以下几点。

图 3-21　抖音推荐机制案例

1. 添加创意

图3-22所示为蛋包饭中视频，第一张图的操作步骤详细很多，却没有"火"起来；第二张图的小姑娘将创意融入了中视频中，将蛋包饭做成了小熊盖被子的形象，点赞数达到了几十万，这就是就加创意和不加创意的结果。

图 3-22　蛋包饭中视频

| 商业运营篇
第3章 账号定位:让你的作品快速上推

才艺、技能、情感、戏剧冲突等都是能引发创意的元素,它们可以让中视频焕发魅力。如果中视频中有帅哥美女,再加上创意内容的话,中视频"火"的概率会更大。图3-23所示为某运营者发布的中视频,她用幽默的语言和快切镜头,向用户展示自己妙趣横生的上班生活。

2. 添加剧情

如果运营者只是一个长相普通的人,就需要在内容方面多花心思,在中视频中添加点反转或

图 3-23 颜值+创意案例

新奇的剧情。在这种剧情的加持下,中视频"火"的概率就会有很大的提高。图3-24所示为某运营者发布的中视频,视频中的绘画者身着短褐,在规定的时间内画成了一幅《一马当先》图。

图 3-24 展示绘画才艺的中视频

在笔者看来,很多没有粉丝基础的运营者翻拍热门视频,点赞量也是直接上万或者几十万。在获得点赞的同时,他们也俘获了很多粉丝。除了大众模仿,运

47

营者还可以将热点内容进行改编，或许可以获得意想不到的效果。

等过渡期过去了，运营者只要持续按照该方法进行营销，也可以打造成下一个知名帐号。知名帐号有了粉丝基础，上热门也就是轻轻松松的事。有了访问量为中视频助力了之后，运营者就可以向粉丝群体推广品牌产品了。此时，打广告就是一件很简单的事了，只需要用适当的方法去转化粉丝，将粉丝意愿转化成购买力，就可以将平台与电商结合，营销和变现也就很容易了。

TIPS 023 进阶玩法：品牌熟悉程度

品牌熟悉度指的是用户对品牌的熟悉程度，运营者一般都会采用线上和线下问卷调查的模式，让用户或者用户填写，从而分析答卷，得到最终结果。一个品牌的知名度可以让运营者知道，它的用户范围到底有多广；一个品牌的熟悉度则表示用户不仅知道有这个品牌的存在，还对它有很深的了解。

用户对品牌的熟悉度越高，就说明这个品牌不仅知名度广，而且用户认同度也相对比较高；品牌熟悉度比较低的话，就说明用户对这个品牌不了解，一个人不了解某个商品或品牌，就很难形成购买力。在笔者看来，品牌熟悉度可以分为5种情况，如图3-25所示。

品牌熟悉度的5种分类：

- **品牌排斥**：用户对某品牌产生了排斥心理，这类用户一般不会去购买这个品牌的产品
- **品牌缺乏认知**：用户对其品牌的产品一无所知，虽然可能从别人嘴里听到过，但是从来没有正在了解过
- **品牌认知**：用户知道这个品牌，有一定的记忆，这些记忆就是用户对品牌的认知度
- **品牌偏好**：用户可能会放弃某一个品牌，从而选择另一个品牌，这可能是因为习惯
- **品牌坚持**：用户对某一个品牌比较信任，宁愿多花点时间，也要坚持使用某一个品牌的产品

图3-25 品牌熟悉度的5种分类

那么，运营者如何让用户全面了解品牌，提高品牌的熟悉度呢？下面就以西瓜视频为例，来分析运营者如何利用此平台提高品牌熟悉度。西瓜视频首推中视频概念，它拥有庞大的用户基数和源源不断的平台流量，可以很容易地将品牌推向更广的用户人群，增加他们对品牌的熟悉度。

某美肤品牌创立于1999年，品牌定位是"专注于东方的养肤之道"，从品牌定位就可以看出，该品牌主要做的是护肤品，其中包括保湿、美白、防晒、紧致和彩妆这些类别，为用户提供更加全面的护肤之道。但是，该美肤品牌的官方账号粉丝数量只有5.2万，比同类别护肤类的品牌都要低，它的视频点赞总数也只有25.6万。更不用提该官方账号发布的中视频了，据统计，它发布的视频一共有237个，但是基本每个视频的点赞数都是几千甚至只有几十个，最高的也只有两万左右，那么它的问题出在哪里呢？

该美肤品牌发布的作品大多内容都是明星代言，也就是所谓的硬广告，就算不是明星代言的视频内容，剩下的都是很普通的产品开箱视频，没有什么创意和戏剧冲突，而且该品牌商家没有充分利用平台功能，所以，导致它的官方账号一直处于不温不火的状态。

那么，运营者想要增加品牌熟悉度，应该怎么充分利用西瓜视频平台呢？首先，运营者用品牌名字注册一个官方账号，申请官方认证，增加用户对此账号的信任度。

其次，运营者可以参加西瓜视频官方发布的活动，增粉引流，多发官方动态，增加活跃度，多与评论区的用户互动，增加品牌和用户之间的亲密度……这些方法都可以让更多的用户了解品牌，熟悉品牌。

第4章

内容策划：
百万级流量的策划技巧

有些用户在刷到有趣的视频之后会点击关注，但不会专门去看这些运营者的新视频。所以，运营者的中视频只有上热门被推荐，才能被更多人看到。

本章主要介绍让中视频被推荐上热门的实用技巧，包括上热门的内容要求、热门内容、拍摄题材等。

| 商业运营篇
第 4 章　内容策划：百万级流量的策划技巧

了解：平台推荐算法

要想成为中视频领域的超级IP，首先要想办法让自己的作品火爆起来，这是成为IP的一条捷径。如果运营者没有那种一夜爆火的好运气，就要一步步脚踏实地做好中视频内容。当然，这其中也有很多运营技巧，能够帮助运营者提升中视频的关注量，而平台的推荐算法就是不容忽视的重要环节。

以西瓜视频平台为例，运营者发布到该平台的中视频需要经过层层审核，才能被大众看到，其背后的主要算法逻辑分为3个部分，分别为智能分发、叠加推荐、热度加权，如图4-1所示。

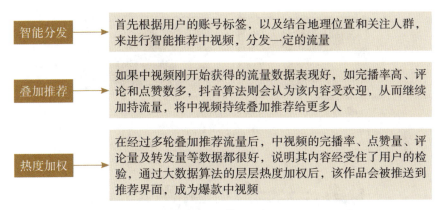

图 4-1　算法逻辑

谨记：五大基本要求

前段时间，笔者写了一篇中视频快速引流吸粉的文章，文章下方留言的读者数不胜数，有的读者说方法实用，有的读者说逻辑明了，还有的读者说内容不错，但是也出现了一些不一样的声音，他们在竭力反驳笔者的观点。

笔者脑海中印象深刻的是，某读者评论道："只有科普类中视频才有上热门推荐的机会，官方不允许其他形式的中视频上传。"该评论下嘘声一片，甚至有评论指责该读者为"菜鸟"。

笔者认真翻阅了读者评论之后没有勃然大怒，而是在进行深刻反思，究竟还有多少运营者没有深入了解中视频及其平台？笔者沉思良久，认为这样的运营者应该不在少数，西瓜视频只是搭建了一个平台，但具体内容还是靠运营者自己摸索。因此，笔者将平台目前播放量最火的视频进行总结，给大家提供方向，让运营者少走弯路。

首先对于上热门，平台官方都会提出一些基本要求，这是大家必须知道的基本原则，本节将介绍具体的内容。

1. 个人原创内容

西瓜视频上某账号经常上推荐界面，它的中视频内容很简单，就是对动物进行搞笑配音，营造滑稽之感，如图4-2所示。

图 4-2 "××搞笑配音"的原创视频

从上述案例可以知道，中视频上热门的第一个要求就是上传的内容必须是原创视频。在笔者接触的运营者中，某些人甚至不清楚自己该拍什么内容。其实，中视频内容选择很简单，运营者可以从以下4个方面入手：

（1）用中视频记录生活中的趣事。

（2）学习平台上的热门舞蹈，并在自己的中视频中展示出来。

（3）运营者可以在中视频中使用丰富的表情和肢体语言。

（4）用中视频的形式记录旅行过程中的美景或自己的感想。

另外，运营者要学会换位思考，站在粉丝的角度思考问题："如果我是该账号的粉丝,我希望看到什么类型的中视频?"不用说,搞笑类中视频,用户绝对会点赞和转发。当然,用户还喜欢其他哪些类型的中视频,需要运营者做画像分析。

例如,某个用户想要买车,那么他所关注的大概是汽车测评、汽车质量鉴别和汽车购买指南之类的账号;再如,笔者某个朋友身材肥硕,一直被老婆催着减肥,他关注的一般都是减肥类账号。用户关注的内容就是运营者的原创内容方向。

2. 视频内容完整

一般来说,标准的中视频时长应该为1~30分钟,因此,在视频平台上,内容完整且不拖沓的中视频才有机会上热门推荐。如果运营者的中视频卡在一半就强行结束,或者整个视频内容拖泥带水,是很难被用户喜欢的。

3. 没有产品水印

热门视频上不能带有其他平台的水印,如果运营者发现自己的素材有水印,可以利用Photoshop、一键去除水印等工具去除。图2-5所示为一键去水印的微信小程序。

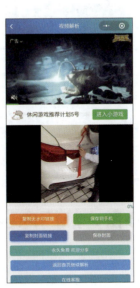

图4-3 一键去水印的微信小程序

4. 高质量的内容

在视频平台上,视频质量才是核心,即使用户喜欢"帅哥美女遍地走"的视频内容,内容也远比颜值重要。只有中视频质量高,才能让用户有观看、点赞和评论的欲望，而颜值只不过是起锦上添花的作用。

运营者的中视频想要上热门，一是内容质量高，二是中视频清晰度也要高。中视频引流是一个漫长而又难挨的过程，运营者要心平气和，耐心地拍摄高质量的中视频，积极与粉丝互动，多学习热门的剪辑手法。笔者相信只要有足够的付出，运营者一定可以拍摄出热门中视频。

5. 积极参与活动

运营者一定要积极参与平台官方推出的活动，一般来说参与活动的中视频更有可能上热门。图4-4所示为西瓜视频官方活动。

图 4-4　西瓜视频官方活动

必备：热门内容类型

运营者想要通过产品进行变现，那么就需要对爆款产品时刻保持敏锐的嗅觉，及时去研究、分析和总结这些产品"爆红"的原因，切忌一味地认为成功的爆款产品都是"一时运气而已"，而要思考它们"爆红"的规律，多积累成功的经验。运营者只有站在"巨人的肩膀"上，才能看得更高更远。下面笔者总结了中视频的一些热门内容类型，供给大家作为参考。

1. "颜值即是正义"

为什么把"高颜值"的帅哥美女摆在第一位呢？笔者总结这一点的原因很简单，就是以数据作为依据的。以西瓜视频为例，根据数据显示，粉丝排行榜前10位基本都是高颜值的明星，他们的粉丝数量都是千万级别，且粉丝黏性非常高。

由此不难看出，颜值是视频营销的一大利器。只要运营者长得好看，即便没有过人的才华，只需唱唱歌、跳跳舞、随手拍个视频，说不定就能吸引一些粉丝。这一点其实很好理解，毕竟"爱美之心，人皆有之"。而事实上，用户看视频纯粹是打发时间，更何况视频中出镜的还是帅哥美女，这就更加令人赏心悦目了。

2. 自身才艺双全

"才艺"指代的范围很广，主要包括唱歌、跳舞、摄影、绘画、书法、演奏、相声和脱口秀等。一般来说，只要中视频中展示的才艺独具特色，并且能够让用户赏心悦目，那么中视频很容易就能上热门。下面笔者分析和总结了一些"大V"们不同类型的才艺内容，看看他们是获得如何成功的。

1）演唱才艺

B站某运营者歌声非常好听，曾为B站官方游戏献唱过主题曲，展示了非凡的实力，这也让该运营者从默默无闻到拥有了超过100万粉丝。图4-5所示为该运营者的个人主页及相关视频。

图4-5 个人主页及相关视频

2）舞蹈才艺

西瓜视频上某运营者给许多用户留下了深刻记忆，除了她动感的舞蹈令人难忘外，那单纯美好的甜美笑容也足够"一顾倾人城"。该运营者是一名职业舞者，她拍摄的舞蹈视频很有青春活力，给人朝气蓬勃、活力四射的感觉，跳起舞蹈来更是让人心旌荡漾。图4-6所示为该运营者发布的中视频。

图 4-6　展示舞蹈才艺的中视频

她在成名前主要活跃在中视频平台上，和许多平凡的舞者一样，从未参加过综艺节目。后来随着她声名鹊起，便踏上了《快乐大本营》的舞台，真可谓前途不可估量。在当今时代，"一介流量博主"能登上电视舞台，这就是对她的一种肯定，对她知名度的传播也有很大的帮助。

塑造个人IP的方式不胜枚举，其中一种重要方式是展示才艺。随着IP的成功，运营者可以吸引大量精准粉丝，为IP变现做好充足的准备。因此，运营者如果拥有出众的才艺，可以尝试通过才艺的展示来打造个人IP。

3）演奏才艺

对于一些学乐器的，特别是在乐器演奏上取得了一定成就的运营者来说，展示演奏才艺类的视频内容只要足够精彩，便能快速吸引大量用户的关注。图4-7所示的中视频就是通过演奏才艺来吸引用户关注的。

第 4 章 内容策划：百万级流量的策划技巧

图 4-7 通过演奏才艺吸引关注

3. 技术流特效

在西瓜视频平台上，存在很多不愿意露脸的创作者，他们不是靠颜值取胜，而是靠创意来取胜。运营者的创意来源主要是靠日常的积累，例如，可以多关注一些经常出爆款内容的公众号，可以从中直接拿过来当作自己的编辑素材，或者利用发散性思维添加自己的创意；那些可以引爆朋友圈的内容，在平台上也能很快火爆起来。

另外，运营者也可以给中视频添加一些小道具，让中视频内容看起来更风格化。总之，中视频的创作有无限种可能，运营者可以利用特效或小道具，拍摄出非常抢眼的中视频。

例如，抖音和西瓜视频上某个非常神秘的达人，在他拍摄视频中，自己的脸部通常是一片漆黑，没有人知道他长什么样子。而且，他的视频效果非常酷炫，是平台上的技术流"大神"，如图4-8所示。

图 4-8 技术流"大神"的视频

57

在他的视频里，喷雾可以让人隐身，踹一脚就能把车停好，用手机一丢就能打开任意门，还可以在可乐瓶上跳舞，他的每一条视频几乎都获得了热门推荐。

4.旅游所见美景

视频类型越来越丰富，其中山水美景、星空摄影和旅游风光类型的视频不可胜数，它们大多能激起用户"说走就走"的心灵共鸣，让很多想去而去不了的人产生心理上的满足感。西瓜视频平台也乐于推荐这类高质量的中视频。

在视频平台上，很多知名景点顺势打造爆款IP。例如，如"《西安人的歌》+摔碗酒"成就西安旅行大IP，"穿楼而过的轻轨+8D魔幻建筑落差"让重庆瞬间升级为超级网络流行城市，"土耳其冰淇淋"让本就红火的厦门鼓浪屿吸引了更多慕名而来的游客。网络流行经济时代的到来，城市地标不再只是琼楼玉宇，它还可以是一面墙、一座码头。

城市宣传从中视频上寻找到了新的突破口，通过一个个中视频，城市中每个具有代表性的特产、建筑和工艺品都被浓缩成可见可闻的物体，如果再配以特定的音乐、滤镜和特效，可以极大限度地呈现出超越文字和图片的感染力。图4-9所示为西瓜视频上的网络流行景点。

图4-9　西瓜视频上的网络流行景点

在过去，人们要描绘"云想衣裳花想容"这样的画面，只能靠繁复的文字进行描摹，但如今在平台上发布几条汉服古装中视频，所有人就能通过这些几分钟的中视频了解到其内涵。

精选：六大拍摄题材

很多运营者在拍摄中视频时，不知道该拍什么内容，不知道哪些内容易上热门。笔者在本节介绍了几种内容形式，即便你只是一个普通人，只要你的内容戳中了"要点"，也可以让你快速蹿红。

1. 搞笑类中视频

打开西瓜视频、B站或抖音，随便刷几个中视频，就会看到其中很多是搞笑类视频。毕竟视频是人们在闲暇时间用来放松或消遣的娱乐方式，因此平台也非常中意这种搞笑类的中视频，更愿意将这些内容推送给用户，增加用户对平台的好感，同时让平台变得更为活跃。

在拍摄搞笑类视频时，可以从以下几个方面入手来创作内容：

（1）搞笑剧情。运营者可以通过自行招募演员、策划剧本，来拍摄具有搞笑风格的中视频作品。这类中视频中的人物形体和动作通常都比较夸张，同时语言幽默搞笑，感染力非常强。

（2）创意剪辑。通过截取一些搞笑的影视短片镜头画面，并配上字幕和背景音乐，制作成创意搞笑的中视频。

（3）犀利吐槽。对于语言表达能力比较强的运营者来说，可以直接用真人出镜的形式来上演脱口秀节目，吐槽一些接地气的热门话题或者各种趣事，加上非常夸张的造型、神态和表演，给观众留下深刻印象，吸引粉丝关注。

在视频平台上，运营者也可以自行拍摄各类原创幽默搞笑段子，变身搞笑达人，轻松获得大量粉丝关注。当然，这些搞笑段子内容最好来源于生活，与大家的生活息息相关，或者就是发生在自己周围的事，这样会让人们产生亲切感，更容易代入中视频氛围之中，内心产生共鸣。

另外，搞笑类中视频的内容包涵面非常广，各种酸甜苦辣应有尽有，不容易让观众产生审美疲劳，这也是很多人喜欢搞笑段子的原因。

2. 舞蹈类中视频

除了比较简单的音乐类手势舞外，视频平台上还存在一批专业的舞者，他们拍得都是专业的舞蹈类中视频，个人、团队、室内及室外等类型的舞蹈应有尽有，同样讲究与音乐节奏的配合。舞蹈类视频需要运营者具有舞蹈基础，同时比较讲究舞蹈的力量感。

拍摄舞蹈类中视频时，运营者最好使用高速快门，有条件的可以使用高速摄像机，这样能够清晰完整地记录舞者的所有动作细节，给用户带来更佳的视听体验。除了设备要求外，这种视频对于拍摄者本身的技术要求也比较高，拍摄时要跟随舞者的动作重心来不断运镜，调整画面的中心焦点，抓拍最精彩的舞蹈动作。下面总结了一些拍摄舞蹈类中视频的相关技巧，如图4-10所示。

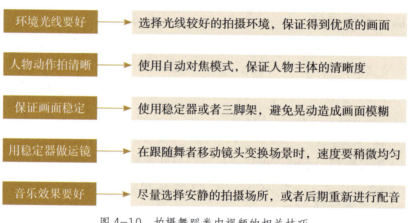

图4-10 拍摄舞蹈类中视频的相关技巧

★ 专家提醒 ★

如果运营者是用手机拍摄，则需要注意与舞者的距离不能太远。由于手机的分辨率不高，如果拍摄时距离舞者太远，则舞者在镜头中就会显得很小，而且舞者的表情动作细节也得不到充分的展现。

3. 音乐类中视频

音乐类中视频大致有3种，分别是原创音乐类、歌舞类、对口型表演类中视频。

（1）原创音乐类中视频：原创音乐需要运营者有专业技能，且具备一定的创作能力，能写歌、会翻唱或会改编等，这里笔者不做深入探讨。

（2）歌舞类中视频：歌舞类中视频更偏向情绪表演，注重情绪与歌词的配合，对于舞蹈力量感等这些专业要求不是很高，只需要有舞蹈功底即可。例如，音乐类的手势舞，如《我的将军啊》《小星星》《爱你多一点点》《体面》《我的天空》《心愿便利贴》《少林英雄》《后来的我们》《离人愁》《生僻字》《学猫叫》等，运营者只需按照歌词内容，用手势和表情将情绪传达出来即可。

(3)对口型表演类:对口型表演类中视频更难把握,因为运营者要考虑到情绪表达的准确性和口型的吻合度。所以,在拍摄中视频时,运营者可以开启快速度模式,使背景音乐变慢,让自己可以更准确地进行对口型的表演。同时,运营者要注意表情和歌词要配合好,每个时间点出现什么歌词,运营者就要做什么样的口型动作。

4. 情感类中视频

情感类中视频的制作相对来说比较简单,运营者只需将中视频素材剪辑好,再将情感类文字转录成语音配上去。另外,运营者也可以采用更专业的玩法——拍摄情感类剧情中视频,这样会更具有感染力。对于这种剧情类情感中视频说,以下两个条件必不可缺:

(1)优质的场景布置。

(2)专业的拍摄技能。

另外,情感类中视频的声音处理是极其重要的,运营者可以购买高级录音设备,聘请专业配音演员,从而让观众深入到情境之中,产生极强的共鸣感。

5. 连续剧类中视频

连续剧类中视频有一个作用——吸引粉丝持续关注自己的作品。下面介绍一些连续剧中视频内容的拍摄技巧,如图4-11所示。例如,某运营者在西瓜视频上发布的《百年孤独》剧情解说视频,如图4-12所示。该系列视频剧情环环相扣,为广大文学爱好者群体梳理了整本《百年孤独》的剧情走向。

图4-11 连续剧中视频内容的拍摄技巧

图 4-12 连续剧中视频示例

另外，在连续剧中视频的结尾处，可以加入一些剧情选项，来引导观众去评论区留言互动。笔者通过研究大量连续剧爆款中视频，发现它们有两个相同的规律：

（1）高颜值视觉体验，抓住观众眼球。在策划连续剧中视频时，用户需要对剧中的角色形象进行包装设计，通过服装、化妆、道具和场景等元素，给观众带来视觉上的惊喜。

（2）设计反转的剧情，吸引粉丝关注。在中视频中可以运用一些比较经典的台词，同时多插入一些悬疑、转折和冲突，在内容上做到精益求精。

6. 正能量类中视频

在网络上常常可以看到"正能量"这个词，它是指一种积极的、健康的、催人奋进的、感化人性的、给人力量的、充满希望的动力和情感，是社会生活中积极向上的一系列行为。

如今，视频受到政府日益严格的监管，同时各大视频平台也在积极引导用户拍摄具有"正能量"的内容。只有那些主题更正能量、品质更高的中视频内容，才能真正为用户带来价值，如图4-13所示。

对于平台来说，这种正能量中视频也会给予更多的流量扶持。在抖音上，"正能量"话题的播放量达到了惊人的3547亿次，如图4-14所示。如环卫工人、公交车司机、外卖骑手和快递员等，这些社会职业都属于正能量角色，如果能拍摄给他们送温暖的视频，也能获得很大的传播量，受到更多人的欢迎。

图 4-13 正能量类中视频示例

图 4-14 "正能量"话题

另外,运营者也可以用中视频分享一些身边的正能量事件,如乐于助人、救死扶伤、颁奖典礼、英雄事迹、为国争光的体育健儿、城市改造、母爱亲情、爱护环境、教师风采及文明礼让等有关的事迹,引导和带动粉丝弘扬传播正能量。

从短视频到中视频：115招干货玩转商业运营＋拍摄制作＋文案编写

干货：带货类中视频

中视频能够为产品带来大量的流量转化，让运营者获得盈利，很多运营者最终都会走向带货卖货这条商业变现之路。本节将介绍用西瓜视频平台拍摄带货中视频的相关技巧，包括中视频提升流量和转化的干货内容。

1. 带货视频

以西瓜视频为例，它的中视频带货渠道相对单一，只能通过商品橱窗带货，如图4-15所示。

图 4-15 商品橱窗

运营者可在西瓜视频官网查看相关的入驻资料准备、资质要求和流程概要等内容，根据相关提示来开通西瓜视频商品橱窗。

2. 让产品脱销

视频平台无意中打造了很多爆款，这波黑洞般的带货能力连运营者自己都猝不及防，产品莫名其妙就卖到脱销了。运营者究竟做好哪几步才能让自己的产品与平台同款一样，成为爆款，卖到脱销？笔者认为主要有如下3步。

1）打造专属场景互动

何为"打造专属场景"？简而言之，它指的是运营者在社交媒体上，利用用户熟悉的场景进行互动。例如，运营者在吃海底捞时，可以拍摄一些美食中视频，展示自己的创意吃法。

2）制造传播的社交货币

在抖音等视频平台上，很多产品爆火的背后，既不是因为它具有多少收藏意义，也不是因为它具有多少实用价值，而是因为它具备社交属性。例如，曾经在网上风行一时的猫爪杯，它的爆火不是因为其比其他的杯子功能更多、更实用，而是因为这款杯子样式很可爱，戳中了"猫奴"的内心。

所以，运营者在传播自己的产品时，一定要有意识地打造属于产品的社交货币，让产品能够帮用户贴上更多无形的东西。

3）产品性价比要高

这一点大家比较好理解，产品除了质量过硬，价格还要亲民，几乎所有爆款产品，价格都不会太高。这主要是因为再好的东西，消费者也会货比三家。如果产品价格比较低，性价比高，消费者自然会选择该产品。

3. 开箱测评

在中视频平台上，很多人仅用一个"神秘"包裹，就能轻松拍出一条爆款中视频。下面笔者总结了一些开箱测评中视频的拍摄技巧，如图4-16所示。

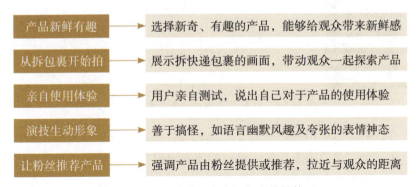

图4-16 开箱测评类中视频的拍摄技巧

总而言之，如果运营者有自己的产品，不妨认真思考一下如何打造爆款产品；如果运营者没有产品，可以按照自己的账号定位逐一筛选产品。

创意1：电影解说内容

在西瓜视频和抖音上，我们常常可以看到各种电影解说的中视频作品，这种内容创作形式相对简单，运营者只要会剪辑软件的基本操作即可完成。电影解说中视频的主要内容形式为剪辑电影中的主要剧情桥段，同时要加上语速轻快、幽默诙谐的配音解说。

这种内容形式的主要难点在于运营者需要在几分钟内将电影内容解说出来，因而要求运营者具有极强的文案策划能力，能够通过简短的文字，让观众对电影情节有大致的了解。关于电影解说类中视频的制作技巧，如图4-17所示。

图4-17 电影解说类中视频的制作技巧

除了直接解说电影内容，进行二次原创外，运营者也可以将多个影视作品进行排名对比，做一个TOP排行榜，对比的元素可以多种多样。以金庸的影视作品为例，可以策划出"武功最高的十大高手""最美十大女主角""最厉害的十种武功秘籍""最感人的十个镜头""人气最高的十大男主角"等中视频内容。

创意2：教学课程内容

在视频平台上，运营者可以非常方便地将自己掌握的知识录制成课程教学类中视频，然后通过平台来传播并售卖给用户，以获得不错的收益和知名度。下面笔者总结了一些创作课程教学类中视频的相关技巧，如图4-18所示。

商业运营篇

第4章　内容策划：百万级流量的策划技巧

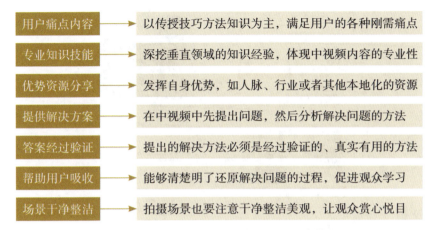

图4-18　创作课程教学类中视频的相关技巧

例如，下面这个账号专门分享Photoshop处理图片的教程，其粉丝数量接近百万，如图4-19所示。这种软件技能类的中视频相对来说简单，可以直接使用计算机游戏录屏软件来进行录制。

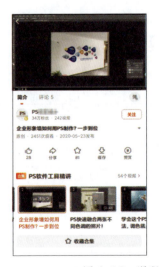 

图4-19　课程教学中视频示例

对于课程教学类中视频来说，操作部分相当重要，该账号的每一个视频技能都是从自身的微信公众号、QQ群、网站、抖音、头条号和悟空问答等平台，根据点击量、阅读量和粉丝咨询量等数据，精心挑选出来的热门、高频的实用案例。

同时，该账号还直接通过西瓜平台来实现商业变现，他开通了该平台的橱窗，售卖自己的知识技能书籍，如图4-20所示。售卖知识类书籍是一种非常有特色的知识变现方式，也是一种效果比较可观的吸金方式。

67

图 4-20　橱窗中的知识类书籍

创意 3：翻拍经典作品

如果运营者在策划中视频内容时，很难找到创意，也可以去翻拍和改编一些经典的影视作品。运营者在寻找翻拍素材时，可以去豆瓣电影平台上找到各类影片排行榜，如图 4-21 所示。将排名靠前的影片都列出来，然后去其中搜寻经典片段，包括某个画面、道具、台词和人物造型等内容，都可以将其用到自己的中视频中。

图 4-21　豆瓣电影排行榜

创意 4：模仿爆款内容

除了Vlog风格的内容外，如果运营者实在是没有任何创作方向，也可以直接模仿爆款视频。爆款视频通常都是大众关注的热点事件，这样等于让你的作品无形之中产生了流量。

例如，某个运营者就模仿"涂口红的世界纪录保持者"的演说风格，在视频中使用比较夸张的肢体语言和搞笑的台词，吸引大量粉丝的关注。视频达人的作品都是经过大量用户检验过的，都是观众比较喜欢的内容形式，跟拍模仿能够快速获得这部分人群的关注。

运营者还可以在抖音或快手平台上多看一些同领域的爆款视频，研究他们的拍摄内容，然后进行跟拍。例如，很多明星都是运营者比较喜欢模仿的对象，很多"大V"都是靠模仿明星才得以在网络上走红。

另外，用户在模仿爆款视频时，还可以加入自己的创意，对剧情、台词、场景和道具等进行创新，带来新"槽点"，以至于模仿视频甚至比原视频更加火爆。

创意 5：侦探类中视频

侦探类中视频因为有一定的稀缺性，成为视频平台上的流行内容。通常，这类中视频内容设定要有新意，剧情有看点，同时能够给观众讲解一些做人的道理或者知识科普，给用户带来价值，这样才能受到大家的长久关注。

例如，"××侦探"发布了一系列中视频，贴近生活的剧情设计，帮助大家识别各种骗局、远离危险、保护自己，创意稀缺性非常高，在西瓜视频上吸引了3100多万粉丝，如图4-22所示。

图 4-22 "××侦探"西瓜视频账号

下面笔者通过分析大量侦探类中视频案例，总结了一些拍摄经验，能够帮助大家拍出更加优质的作品，如图4-23所示。

图 4-23 侦探类中视频内容的拍摄技巧

第5章

吸粉引流：
引爆粉丝资源快速裂变

每个运营新手都想成长为运营高手，变身达人。而一个人从默默无闻到变成达人，关键就是通过引流推广，在西瓜视频等平台上积累粉丝，提高自身影响力。那么，运营者如何做好中视频引流呢？笔者认为可以从多个维度进行引流推广。

快速了解：引流基本常识

中视频引流有一些基本常识，掌握这些常识之后，运营者的引流推广效果将变得事半功倍。这一节就来对几种引流的基本常识分别进行解读。

1. 吸引受众

人都是趋利的，当看到对自己有益处的东西时，人们往往都会表现出极大的兴趣。运营者可以借助这一点，通过抛出一定的诱饵来达到吸引目标受众目光的目的。下面两个案例中的运营者便是通过"自媒体的赚钱经"和"官方免费流量"，向目标受众抛出诱饵，达到引流推广的目的，如图5-1所示。

图 5-1 抛出诱饵吸引目标受众目光

2. 多发内容

试想："用户为什么要关注你，成为你的粉丝？"笔者认为，除了运营者的个人魅力之外，另外一个很重要的原因就是，用户可以从运营者视频中获得他们感兴趣的内容。

当然，部分粉丝关注运营者的账号之后，可能会时不时地查看账号内容。如果该账号很久不更新内容，他们可能会因为无法观看新内容，或者认为该账号内容对他们来说价值越来越低，因而选择取消关注。

因此，对于运营者来说，多发送一些用户感兴趣的内容非常关键。这不仅可以增强粉丝的黏性，还能吸引更多用户成为你的粉丝。例如，西瓜视频账号"手机摄影构图大全"的粉丝大多都是摄影爱好者，于是该运营者便通过发送构图和拍摄技巧等内容来增强粉丝的黏性。

优化提升：搜索引擎引流

SEO（Search Engine Optimization，搜索引擎优化）是指通过对内容优化获得更多流量，从而实现自身的营销目标。说起SEO，许多人首先想到的可能就是搜索引擎的优化，如百度平台的SEO。其实，SEO不只是搜索引擎独有的运营策略，中视频平台同样可以进行SEO优化。比如，我们可以通过运营西瓜视频，实现内容霸屏，从而让自己的中视频得到快速传播。中视频SEO优化的关键就在于视频关键词的选择，而视频关键词的选择又可细分为两个方面，即关键词的确定和使用。

1. 视频关键词的确定

用好关键词的第一步就是确定合适的关键词。通常来说，关键词的确定主要有以下两种方法。

1）根据内容确定关键词

什么是合适的关键词？笔者认为，关键词首先应该是与账号定位和中视频内容相关的。否则，用户即便看到了中视频，也会因为内容与关键词不对应而直接滑过，这样一来，选取的关键词也就没有太多积极意义了。

2）通过预测选择关键词

除了根据内容确定关键词之外，还需要学会预测关键词。用户在搜索时所用的关键词可能会呈现阶段性的变化。具体来说，许多关键词都会随着时间的变化而具有不稳定的升降趋势。因此，运营者在选取关键词之前，需要先预测用户搜索的关键词，下面笔者从两个方面分析介绍如何预测关键词。

当出现社会新闻后，会涌现出一大波新的关键词，搜索量高的关键词就叫热点关键词。运营者要会预测热点，抢占最有利的时间预测出热点关键词，并将其运用在中视频上。下面，笔者介绍一些预测热点关键词的方向，如图5-2所示。

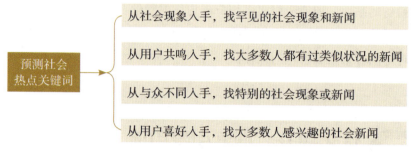

图 5-2　预测社会热点关键词

除此之外，即便搜索同一类物品，用户在不同时间段选取的关键词仍有一定的差异性。也就是说，用户在搜索关键词的选择上可能会呈现出一定的季节性。因此，运营者需要根据季节性，预测用户搜索时可能会选取的关键词。

值得一提的是，关键词的季节性波动比较稳定，主要体现在季节和节日两个方面，如用户在搜索服装类内容时，可能会直接搜索包含四季名称的关键词，如春装、夏装等；节日关键词会包含节日名称，如春节服装等。

季节性的关键词预测还是比较容易的，运营者除了可以从季节和节日名称上进行预测，还可以从图5-3所示的几方面进行预测。

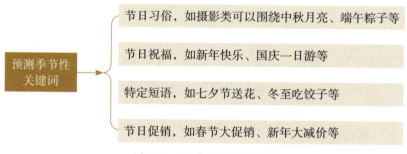

图 5-3　预测季节性关键词

2. 视频关键词的使用

在添加关键词之前，运营者可以通过查看朋友圈动态、微博热点等方式，抓取近期的高频词汇，将其作为关键词嵌入中视频标题或简介中。需要特别说明的是，运营者统计出近期出现频率较高的关键词后，还需了解关键词的来源，只有这样才能让关键词运用得当。

除了选择高频词汇之外，运营者还可以通过在账号介绍信息和中视频文案中增加关键词使用频率的方式，让内容尽可能与自身业务直接联系起来，从而给用户一种专业的感觉。

巧妙利用：微信生态引流

微信拥有庞大的生态，对于运营者来说，如果能将此生态的资源与中视频平台整合起来，必定能获得巨大的流量。本节就从微信社区、朋友圈、公众号等角度，为大家介绍如何利用微信生态进行引流。

1. 微信社群引流

虽然用户进入粉丝群之后不一定会去聊天，但是确有很多人很想进群，因为群里通常会分享很多内容。所以，运营者可以结合粉丝的需求，用粉丝社群来提升自身的卖货能力。

笔者为什么鼓励大家去运营社群？因为运营社群有如下3个好处：

（1）引爆流量。为什么运营社群能引爆流量呢？比如，某运营者组建一个中视频交流群，他可以设置一个进群的条件：转发朋友圈、推荐×人进群或转发朋友圈可免费进群。这些想进群的人瞬间就变成了社群宣传员，而社群也就实现了裂变传播。

这种裂变可以快速招揽粉丝，而且都是精准粉丝。如果运营者想组建这种社群，只需要从朋友圈找100个人，这100个人就可能帮你裂变出500个人，然后500个人后期还会裂变，再裂变。这种持续的裂变，可能会让社群在短短两三个月内从100人拓展到5000人。

（2）容易获取精准用户。每个社群都有它的主题，而社群成员也会根据自身的目的选择自己需要的社群。所以，一旦他（她）选择进入运营者的社群，就说明他（她）对你社群的主题内容是有需求的。既然是对社群的主题内容有需求，那他（她）自然就是精准用户了。

（3）快速变现。既然这些进群的都是对主题内容有需求的精准用户，那么运营者只需解决他们的需求，获得他们的信任，就可以实现快速变现了。

当然，社群的种类是比较丰富的，每个社群能达成的效果都不尽相同。那么，我们可以加入和运营哪些社群呢？下面笔者就来回答这个问题。

1）建立大咖社群

一般来说，中视频领域的大咖都是有很多社群的，毕竟大咖的粉丝量都是比较庞大的，而且每天要做的事情也比较多，没有时间和精力私聊。所以，他们通常都会通过社群和自己的粉丝进行沟通。

对于大咖社群，可以从两个方面进行运营。一方面，当运营者拥有一定名气时，可以将自己打造成大咖，并建立自己的大咖社群；另一方面，当运营者名气不够大时，可以寻找一些同领域的大咖社群加入，从中获得一些有价值的内容。而且，这些社群中有一部分可能就是潜在用户，运营者可以与这些人产生连接，为后续带货和卖货做好铺垫。

2）建立自己的社群

自建社群，简而言之就是创建属于自己的社群。运营者可以创建社群的平台有很多，除了常见的微信群之外，还可以用QQ群等。

社群创建之后，运营者需要通过多渠道的推广，吸引更多人进群，增加社群的人数和整体的影响力。在推广的过程中，可以将社群作为引诱点，吸引精准用户的加入。例如，做母婴社群的，可以将"想进母婴社群的联系我"作为一个引诱点。

笔者曾经在西瓜视频上做过测试，通过这种引诱点的设置，在短短两天内就吸引了1000人加群。这还只是西瓜视频吸引的粉丝量，如果再在其他平台一起宣传，那吸引的粉丝量就非常可观了。

3）建立平台社群

平台社群既包括针对某个平台打造的社群，也包括就某一方面的内容进行交流的平台打造的社群。

平台社群其实是比较好运营的，因为社群里很少有"大V"长时间服务。即使这些群邀请来了大咖，他们也只会在对应的课程时间内分享内容，时间一过基本上就不会再说话了。

但是，运营者可以在群里长期服务，跟群员混熟。笔者之前加入了某官方社群，跟群员混熟之后，笔者分享了一条中视频引流信息，便有300多人添加微信。

平台社群有非常丰富的粉丝资源，运营者需要合理运用。当然，在平台社群的运营中，我们还需要服务得高端一点——对群成员服务时，要尽可能显得专业一点，创作的中视频要有价值，要让社群成员在看到分享的中视频之后产生需求。

4）提供社群服务

服务社群就是将已进行了消费的人群聚集起来，提供相关服务的社群。例如，某运营者建一个顾客群，把在母婴店里买过产品的人都拉进来，通过在群里服务，或者通过中视频加深用户对产品的了解，可以拉近与用户之间的关系，促成用户的二次消费。

这类社群中的社群成员通常有两个特点,一是已经有过一次消费,普通的产品宣传很难让他们提起兴趣;二是在加入社群之后,他们可能不太愿意主动在群里与运营者进行沟通。

因此,这类社群更多是在店铺促销时作为一种助力来使用。例如,店铺中有打折优惠活动时,可以将相关信息发布到社群中,或者制作成中视频,在西瓜视频等平台上传播,吸引社群成员围观活动,购买相应的产品。

2. 朋友圈引流

对于运营者来说,虽然朋友圈一次传播的范围较小,但是从对接收者的影响程度来说,却是具有其他一些平台无法比拟的优势,具体如下:

- 用户黏性强,很多人每天都会去翻阅朋友圈。
- 朋友圈好友间的关联性、互动性强、可信度高。
- 朋友圈用户多、覆盖面广、二次传播范围大。
- 朋友圈内转发和分享方便,易于中视频内容传播。

那么,在朋友圈中进行中视频引流推广,运营者该注意什么呢?在笔者看来,有3个方面是需要重点关注的,具体分析如下。

1)注意开始拍摄时画面的美观性

因为推送给朋友圈的视频,是不能自主设置封面的,它显示的就是开始拍摄时的画面。当然,运营者也可以通过视频剪辑的方式保证推送视频"封面"的美观度。

2)推广中视频时要做好文字描述

因为一般来说,呈现在朋友圈中的中视频,好友看到的第一眼就是其"封面",没有太多信息能让用户了解该视频内容,因此,在中视频之前,要把重要的信息放上去,如图5-4所示。

3)利用好朋友圈评论功能

朋友圈中的文本如果字数太多,是会被折叠起来的,为了完整展示信息,运营者可以将重要信息放在评论里进行展示。这样就会让浏览朋友圈的人看到推送的有效文本信息,这也是一种比较明智的中视频引流推广方法。

图5-4 做好重要信息的文字表述

3. 公众号引流

微信公众号，从某一方面来说，就是一个个人或企业等主体进行信息发布，并通过运营来提升知名度和品牌形象的平台。

运营者如果要选择一个用户基数大的平台来推广中视频内容，且期待通过长期的内容积累构建自己的品牌或者个人影响力，那么微信公众平台绝对是一个理想的传播平台。

在微信公众号上，运营者如果想要借助中视频进行推广，可以采用多种方式来实现。其中，使用最多的有两种，即"标题+中视频"形式和"标题+文本+中视频"形式。图5-5所示为在微信公众平台进行中视频推广引流的案例。

运营者不管采用哪一种形式，二者都是能清楚地说明中视频内容和主题思想的推广方式。且在借助中视频进行引流推广时，也并不局限于某一个中视频，如果运营者打造的是有着相同主题的中视频系列，还可以把视频组合在一篇文章中联合推广，这样更有助于受众了解中视频及其推广主题。

图 5-5 微信公众号进行中视频引流推广的案例

TIPS 037 延伸打造：私域流量池

微信的出现改变了人们的社交关系，让以熟人关系为主关系圈子不断延伸。因此，运营者可以多渠道拓展引流工作，将中视频粉丝引流至私域流量池。

1. 打造封闭市场

首先，公域流量平台的最大特征就是流量是开放式的，包括微博、西瓜视频和抖音等平台，用户的言论和行为都是不可控的，我们很难获得相关的用户数据。其次，微信公众号和视频平台的发展已经非常成熟，流量获取的成本也偏高。

基于以上两点，我们需要不断去挖掘新的低成本市场。西瓜视频和抖音属于新的开放市场，而QQ、微信群和微信个人号则属于封闭市场，这些渠道的流量成本都比较低。尤其是微信个人号，是不错的封闭市场，其特点如图5-6所示。

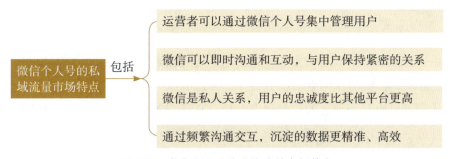

图 5-6　微信个人号的私域流量市场特点

运营者可以通过多种方法将用户导入到自己的微信个人号中，这种方法的成本非常低，甚至是免费的。如果运营者知道用户的个人信息，如手机号、QQ号或者微信号等，则可以直接在微信的"添加朋友"搜索框中输入这些账号，然后点击"添加到通讯录"按钮，即可申请添加对方为好友，如图5-7所示。另外，微信上有一个便捷的工具，那就是"雷达加朋友"，这个方法能够同时添加多人，因此，对于运营者在进行多人聚会等活动时加好友很有帮助。

图 5-7　通过 QQ 号添加好友

目前，微信基本上就是大部分人的网上联络方式，有很多用户在各种视频平台上留下了自己的微信号，这些人可能会有不同的需求，同时他们希望自己的微信号被其他人添加，如图5-8所示。因此，运营者可以在西瓜视频、抖音和B站等平台上寻找这种与产品相关的微信号，主动出击，添加他们为好友。

图5-8　通过互联网留下微信号进行引流

另外，如果你不知道对方的个人信息，还可以通过微信的一些基本功能来添加陌生好友，比较常用的有"摇一摇""附近的人"等方式。

运营者可以利用现有的流量获取途径，将这些流量导入到自己的个人微信号中，打造一个封闭的私域流量环境，搭建私域流量池。这样，运营者不仅可以与用户单独沟通，而且还可以通过发布朋友圈动态进行"种草"，不断提升用户对自己的信任度，同时也可以进一步增加用户的忠诚度。

2. 搭建私域流量池

个人微信号也进入了成熟期，许多运营者已经收割了大量的流量红利。另外，随着拼多多、有赞、云集微店等大量基于微信的电商平台崛起，很多传统的电商商家、企业老板和创业者都涌入其中。因此，中视频运营者要尽早布局微信私域流量，才能降低自己的风险，提高收益的可能性。

私域流量的重点在于用户池的培养，通过运营私域流量池来运营用户，加深与用户的关系，提高自己的信任度，具体作用如下。

1）提升LTV（Life Time Value，生命周期总价值）

将存量西瓜视频等平台上的用户导入个人微信号搭建私域流量池后，运营者可以不断地重复使用这些流量资源，提升LTV，如图5-9所示。通过微信，运营者可以与用户产生更亲密的联系，可以基于产品做延展，不管是二次营销还是多元化营销，只要输出的内容不让人讨厌，就有助于销售。

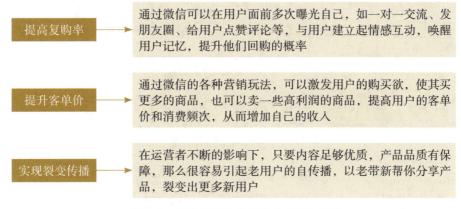

图 5-9　私域流量池对于提升 LTV 的作用

2）提升ROI（Return on Investment，投资回报率）

在构建私域流量池时，虽然也需要付出一定的引流成本，但是私域流量池可以衍生出更多变现方式，带来更高的收益，获得更高的投入产出比。私域流量池的重点在于精准的流量运营，然后把引进来的流量转化掉，可以减少无谓的推广成本，达到提升ROI的目的。

3）通过裂变，实现用户爆发式增长

运营者还可以在自己已有的私域流量中努力，想办法让粉丝去分享自己，将自己的微信名片和中视频账号推荐给其他人。

当然，想要激起粉丝主动去转发和分享，就必须有能够激发他们分享传播的动力，这些动力来源于很多方面，可以是活动优惠、集赞送礼等，也可以是非常优秀的能够打动用户的内容，不管怎么样，只有能够给用户提供有价值的内容，才会引起用户的注意和关注。

例如，某婴幼儿游泳馆为了打开婴幼儿游泳早教市场，不仅在西瓜视频上推送相关中视频，而且在中视频社群内配合引流，如通过裂变红包进行品牌宣传，推出了微信H5裂变活动，获得了不错的裂变分享效果。

裂变红包活动的运用是有讲究的，它的重点是红包裂变，用户只有分享并凑齐人数后才能领取奖品或福利。运营者在制作好H5裂变红包活动策划方案后，还需要重点对其进行宣传推广。

该婴幼儿游泳馆将红包活动作为福利分享给门店老顾客，同时在西瓜视频上推广活动二维码，让粉丝积极参与活动。当顾客抽取到裂变红包时，红包会进行裂变，从而让顾客进行自发传播。游泳馆通过裂变红包本身强大的"裂变"

属性，顾客每次分享红包后，都可以获得10人以上的打开次数，分享效果十分显著，实现了品牌的快速推广，关于活动效果，如图5-10所示。

图 5-10 H5活动的相关数据

微信红包营销颠覆了传统的引流营销方式，同时也成为门店分享传播的主流活动方式。尤其是H5裂变红包活动，用户扫码参与活动，可以打开一个组合红包，将其分享给好友领取之后，即可随机获得其中一个红包，让运营者通过推荐好友送红包形成裂变传播。

当然，为了更好地促进用户的分享和推广，运营者可以在H界面中添加裂变红包插件，这样用户每次在H5中抽得一次红包奖励，同时还可以收获相应的裂变红包。裂变红包对企业的H5营销活动有很好的推动作用，能够激发用户的分享欲望，极大地提升H5界面的分享率，使其传播范围更大。

视频引流：可搬运或转载

视频引流可以分为两种方式进行，一是原创视频引流，二是转载视频引流。接下来，笔者就来分别进行说明。

1. 原创视频引流

只要用户的原创中视频的播放量越大，引流的效果就会越好。西瓜视频上的年轻用户偏爱热门和创意内容。在笔者看来，优秀的中视频场景和画面要清晰，而内容题材没有限制，运营者可以记录自己的日常生活，无论是多人类、剧情类、才艺类，还是心得分享、搞笑类的内容，只要内容健康向上，运营者可灵活选择，不拘泥于一个风格。

2. 转载视频引流

运营者可以将微视、抖音、快手、火山小视频、YouTube、秒拍等视频平台上符合要求的中视频转载到西瓜视频、B站等平台上。搬运中视频引流方法适用于以下人群：

- 刚入驻中视频平台的运营者。
- 原创能力比较弱的运营者。
- 翻译能力强的运营者，可以转载符合平台要求的国外视频。

以B站为例，官方是鼓励大家合法转载优秀视频的，在此号召之下，B站也诞生了不少转载类的账号，如图5-11所示。

图 5-11　B站转载类账号

当然，运营者在转载中视频时，也要注意，避免出现侵权事项，具体分析如下：

- 与原作者沟通，获得授权。
- 转载视频注明出处与原作者。

硬广引流：直接展示品牌

　　硬广引流法是指在中视频中直接进行产品或品牌展示。建议运营者购买一个摄像棚，将平时朋友圈发的反馈图全部整理出来，然后制作成照片电影来发布视频，如减肥的前后效果对比图、美白的前后效果对比图等。例如，某手机品牌的西瓜视频官方账号便联合《王者荣耀》手游进行硬广引流，如图5-12所示。

图 5-12 某手机品牌联合《王者荣耀》手游进行硬广引流

直播引流：多种模式任选

在互联网商业时代，流量是所有商业项目生存的根本，谁可以用最少的时间获得更高更有价值的流量，谁就有更大的变现机会。

对于运营者而言，在中视频里真人出镜的要求会比较高，首先需要克服心理压力，表情要自然和谐，同时最好有超高的颜值或才艺基础。因此，真人出镜通常适合一些"大V"打造真人IP，积累一定粉丝数量后，就可以通过接广告、代言来实现IP变现。

对于一般的运营者，在通过中视频或直播引流时，也可以采用"无人物出镜"的内容形式。这种方式的粉丝增长速度虽然比较慢，但可以通过账号矩阵的方式来弥补，以量取胜。下面介绍"无人物出镜"的具体操作方法。

1. 真实场景+字幕说明

发布的直播可以通过真实场景演示和字幕说明相结合的形式，将自己的观点全面表达出来，这种拍摄方式可以有效避免人物的出现，同时又能够将内容完全展示出来，非常接地气，自然能够得到大家的关注和点赞。

2. 游戏场景+主播语音

大多数用户看游戏类直播，重点关注的是游戏画面。因此，这类直播，直接呈现游戏画面即可。另外，一个主播之所以能够吸引用户观看直播，除了本身过人的操作之外，语言表达也非常关键。因此，游戏场景+主播语音就成为了许多主播的重要直播形式。图5-13所示的两个西瓜视频直播采取的便是这种直播形式。

图5-13 游戏场景+主播语音的直播形式

3. 图片+字幕（配音）

发布的直播都是一些关于西瓜视频、微信、微博营销的专业知识，很多中视频作品都是采用"图片+字幕或配音"的内容形式。

4. 图片演示+音频直播

在直播中通过"图片演示+音频直播"的内容形式，主播可以与学员实时互动交流。学员可以在上下班路上、休息间隙、睡前、地铁上、公交上，边玩App边听课程分享，节约学员的宝贵时间，带来更好的体验，从而吸引更多用户成为你的学员。

评论引流：利用语言魅力

对于运营者而言，评论引流主要有两种方式，分别是评论热门视频引流和回复用户评论引流，下面分别进行说明。

1. 评论热门中视频引流

据相关数据显示，西瓜视频上账号定位几乎覆盖了所有准入的细分行业。因此，运营者可以关注与相关行业账号或同领域的相关账号，并有选择性地在他们的热门中视频下进行评论，在评论中打一些软性广告，吸引他们的部分粉丝关注你的账号。

例如，卖健身器材的账号可以关注一些热门的减肥账号，因为减肥和健身器材是互补的关系，关注减肥账号的用户会很乐意购买你的健身器材。

此外，运营者可以在头部创作者或同行的中视频下进行评论，评论的内容也很简单，组织一些软性广告语言即可。在笔者看来，评论热门中视频引流主要有如下两种方法：

（1）评论头部创作者的中视频：头部创作者的作品自带极大的流量，其评论区是运营者最好的引流之地。

（2）评论同行的中视频：同行作品流量可能不及头部创作者的作品，但是运营者在其评论区引流，可以获得精准粉丝。

例如，做瘦身产品的运营者，在视频平台上搜索瘦身、减肥类的关键词，即可找到很多同行的热门作品，如图5-14所示。运营者只需要在热门视频中评论"用过××产品之后的，有良好效果。"其他用户就会对该产品表现出极大的兴趣。图5-15所示为某减肥药销售者在热门瘦身视频中的评论。

图 5-14　搜索瘦身类视频图

图 5-15　某减肥者的评论

运营者可以参考上述两种方法，学会融会贯通。不过，运营需要注意评论的频率和话术，如评论不能太过于频繁，以免被举报；另外，运营者评论的内容不能千篇一律，更不能带有敏感词和违规信息。

运营者评论头部创作者或大咖的热门中视频进行引流，需要有一些诀窍。

（1）运营者可以登录小号，在热门作品下进行评论，评论内容可以这么写：想看更多精彩内容，请点击@大号。另外，小号的头像和个人简介等资料，都是用户第一眼能看到的东西，因此要尽量给人很专业的感觉。

（2）运营者也可以登录大号，直接在热门作品评论区回复：想要看更多好玩的视频请点我。需要注意的是，大号不要频繁进行这种操作，建议一个小时内去评论2~3次即可，太频繁的评论可能会被系统禁言。运营者这么做的目的是直接引流，把其他人热门作品里的用户流量引入到你的作品里面。

2. 回复用户评论引流

在自己中视频的评论区，运营者看到的用户都是自己的精准粉丝，都是有潜在变现能力的用户。当然，运营者还可以在中视频评论区回复其他人的评论，用评论内容直接进行引流，如图5-16所示。

图 5-16　评论区人工引流

TIPS 042　矩阵引流：进行优势互补

矩阵引流是指通过同时做不同的账号运营，来打造一个稳定的粉丝流量池。道理很简单，运营一个账号是运营，运营10个账号也是运营，而且同时运营多个账号，可以为运营者带来更多的收获。

商家想要打造矩阵账号，基本都需要团队的支持，团队至少要配置两个主播、1个拍摄人员、1个后期剪辑人员、1个推广营销人员，这样才能保证多账号矩阵的顺利运营。新媒体矩阵的好处很多，首先可以全方位地展现品牌特点，扩大营销范围；其次，可以形成链式传播来进行内部引流，大幅度提升粉丝数量。

例如，华为便是借助西瓜视频矩阵打造了多个账号，用来同时进行吸粉引流，如图5-17所示。

矩阵账号可以最大限度地降

图5-17 华为的西瓜视频矩阵

低多账号运营风险，这和投资理财强调的"不把鸡蛋放在同一个篮子里"道理是一样的。多个账号一起运营，无论是在做活动还是在引流吸粉上，都可以达到很好的效果。运营者在打造矩阵账号时，还有很多注意事项，具体如下：

（1）注意账号的行为，遵守中视频平台规则。

（2）一个账号一个定位，每个账号都有相应的目标人群。

（3）内容不要跨界，小而美的内容是主流形式。

这里再次强调西瓜视频矩阵的账号定位，这一点非常重要，每个账号角色的定位不能过高或者过低，更不能错位，既要保证主账号的发展，也要让子账号能够得到很好的成长。

TIPS 043 互推引流：合作达成共赢

互推引流和互粉引流比较类似，但是渠道不同，互粉引流主要通过社群来完成，而互推引流则更多的是直接在西瓜视频等平台上与其他用户合作，来互推账号。在账号互推合作时，运营者还需要注意一些基本原则，这些原则可以作为我们选择合作对象的依据，具体如下：

· 粉丝的调性基本一致。

第5章 吸粉引流：引爆粉丝资源快速裂变

·账号定位的重合度比较高。

·互推账号的粉丝黏性要高。

·互推账号要有一定数量的粉丝。

不管是个人号还是企业号，在选择要合作进行互推的账号时，同时还需要掌握一些账号互推的技巧，其方法具体如下。

个人号互推技巧如下：

·不建议找那些有大量互推的账号。

·尽量找高质量、强信任度的个人号。

·从不同角度去策划互推内容，多测试。

·提升对方账号展示自己内容的频率。

以B站为例，运营者之间可以合作拍摄中视频，为彼此引流。例如，知识区的运营者就会经常合作拍摄中视频，如图5-18所示。

图 5-18 账号互推

企业号互推技巧如下：

·关注合作账号基本数据的变化，如播放量、点赞量、评论转发量等。

·找与自己行业内容相关的企业号，以增加用户的精准程度。

·互推的时候要资源平等，彼此能够获得相互的信任。

随着抖音和西瓜视频等软件在人们生活中出现的频率越来越高，它们不仅是一个视频平台，也成了一个重要的商务营销平台，通过互推，别人的人脉资源也能很快成为你的人脉资源，长久下去，互推会极大的拓宽你的人脉圈。有了人脉，还怕没生意吗？

引流技巧：提升自身能力

对于商家来说，无论是内容吸引力，还是粉丝黏性，都非常重要。而内容吸引力和粉丝黏性又都属于引流的一部分，因此，大多数商家对引流都比较重视。本节就通过对引流相关内容的解读，帮助商家提高引流能力，增强粉丝黏性。

1. 打造人设引流

许多用户之所以长期关注某个账号，就是因为该账号打造了一个吸睛的人设。因此，运营者如果通过账号打造了一个让用户记得住的、足够吸睛的人设，那么便可以持续获得粉丝。通常来说，运营者可以通过以下两种方式打造账号人设引流：

（1）直接将账号的人设放在账号简介中进行说明。

（2）围绕账号人设发布相关视频，在强化账号人设的同时，借助该人设引流。

2. 个性语言引流

许多用户之所以会关注某个中视频账号，主要就是因为该账号有着鲜明的个性。构成账号个性的因素有很多，个性化的语言便是其中之一。因此，运营者可以通过个性化语言打造鲜明的个性形象，从而借此吸引粉丝的关注。

中视频主要由两部分组成，即画面和声音。具有个性的语言可以让视频的声音更具特色，同时也可以让整个视频对用户的吸引力变得更强。一些个性语言甚至可以成为运营者的标志，让用户一看到该语言就会想到某位商家，甚至在看某位运营者的中视频和直播时，会期待其标志性语言的出现。

3. 转发视频引流

每个人都有属于自己的关系网，这个网包含的范围很大，其中甚至会包含很多没有见过面的人，如虽然同在某个微信群或QQ群，但从没见过面的人。如果运营者能够利用自己的关系网，将账号中已发布的内容转发给他人，那么便可以有效地提高中视频内容的传播范围，为账号引流和营销创造更多可能性。

大多数新媒体平台开通了分享功能，运营者可以借助该功能将新媒体内容转发至微信、QQ等平台。运营者转发完成之后，微信群和QQ群成员如果被吸引就很有可能登录平台，关注你的账号。当然，通过这种方式吸粉，应尽可能地让中视频内容与分享的微信群、QQ群中的主要关注点有所关联。

例如，同样是转发摄影技巧的中视频，将其转发至关注摄影的微信群获得的吸粉效果，肯定会比转发至专注唱歌的微信群获得的效果好。

4. 互关引流技巧

如果用户喜欢某个账号发布的内容，可能就会关注该账号，以方便日后查看该账号发布的内容。虽然关注只是用户表达喜爱的一种方式，大部分关注运营者的用户，也不会要求运营者进行互关，但是，如果用户关注了运营者的账号之后，运营者进行了互关，那么用户就会觉得自己得到了重视。在这种情况下，那些互关的粉丝就会更愿意持续关注该账号，粉丝黏性自然也就增强了。

这种增强粉丝黏性的方法在账号运营初期尤其实用。因为在账号运营初期，粉丝数量可能比较少，增长速度也比较慢，但是粉丝流失率却可能会比较高。所以，运营者应与粉丝互关，让粉丝感受到自己被重视。

5. 话题内容引流

运营者在内容创作过程中，可以为用户提供一个表达的渠道，通过创作具有话题性的内容，提高用户的参与度，让用户在表达欲得到满足的同时，愿意持续关注商家的账号。

例如，某个以发布游戏类内容为主的账号，发布了一条关于王者荣耀的中视频。该视频的封面直接写"王者荣耀春节破纪录，你知道吗？"看到这个封面之后，许多对王者荣耀感兴趣的用户会忍不住想要查看该视频。再加上视频内容具有一定的引导性，因此，许多用户看完视频之后，大多会在评论区进行评论。

这些发言用户中，大部分又会选择关注发布该视频的账号。而那些已经关注了该账号的用户则会因为该账号发布的内容比较精彩，并且自己能参与进来而进行持续关注。所以，这样一来，该账号的粉丝黏性便得到了增强，运营者的营销带货能力也间接得到了一定程度的提升。

第6章

商业变现：
找对方法让你月入 10W+

在西瓜视频等平台上，运营者除了要提供优质的内容外，也需要变现来实现自己的价值，达到最终目的。因为不管运营者的内容有多优质，都需要借助广告投放、直播、企业融资、知识付费等手段来变现。同时，运营者也可以获取更多用户的关注。

植入广告：五大变现方法

以前经常看到的报纸广告、杂志广告、电视广告及街边的广告纸，或者是现在兴起的中视频自媒体广告，都是品牌商和广告主利用平台来进行商品推广的地方。笔者讲解那些比较常用的中视频广告植入类型，分析它们的优劣势。

1. 品牌贴片广告

贴片广告是通过展示品牌本身来吸引大众注意的一种比较直观的广告变现方式，它一般出现在片头或者片尾，紧贴着视频内容。图6-1所示为某电视的贴片广告案例，品牌信息一目了然。

图6-1 贴片广告

贴片广告的优势有很多，这也是它比其他的广告形式更容易受到广告主青睐的原因，其具体优势如下：

（1）明确到达：想要观看视频内容，贴片广告是必经之路。

（2）传递高效：和电视广告相似度高，信息传递更为丰富。

（3）互动性强：由于形式生动立体，互动性也更加有力。

（4）成本较低：不需要投入过多的经费，播放率也较高。

（5）可抗干扰：广告与内容之间不会插播其他无关内容。

2. 品牌植入广告

在中视频中植入广告，即把中视频内容与广告结合起来，一般有两种形式：一种是硬性植入，不加任何修饰地硬生生地植入视频之中；另一种是创意植入，即将中视频的内容、情节很好地与广告的理念融合在一起，不露痕迹，让观众不容易察觉。相比较而言，很多人认为第二种创意植入的方式效果更好，而且观众接受程度更高。

图6-2所示为西瓜视频官方发布的创意广告，其口号是"给你新鲜好看"，这条宣传广告以红、黑、黄为底色，营造出了一种新鲜和光怪陆离的意境。

在中视频领域，广告植入的方式除了可以从硬广和软广的角度划分，还可以分为台词植

图6-2 西瓜视频宣传广告

入、剧情植入、场景植入、道具植入、奖品植入及音效植入等植入方式，如图6-3所示。

图6-3 视频植入广告的方式举例介绍

3. 品牌专属广告

品牌专属广告的意思就是以品牌为中心，为品牌和企业量身定做的专属广告。这种广告形式从品牌自身出发，完全是为了表达企业的品牌文化、理念而服务，致力于打造更为自然、生动的广告内容。这样的广告变现更为高效，因此其制作费用相对而言也比较昂贵。

某运营者围绕自己的数码产品打造了一则视频广告，这种类型的账号名字有一定的规律，他的西瓜视频名字与京东店铺的名字一样，以此来为自家店铺引流，如图6-4所示。

还有一些运营者会在中视频中以Vlog的形式记录为店铺挑选新品的过程，整个视频广告都围绕"穿搭"展开，自带话题性，吸引用户眼球。同时当视频展示一段时间后，适合植入引导用户购买的更清晰的链接，短时间内就获得了上万用户的点赞。

图 6-4 "××数码"打造的品牌广告

像用这种方法宣传品牌广告的还有很多,大多都是其平台和淘宝一体的,只不过他们在西瓜视频等平台的账号名字与淘宝店铺名字有些不一样。在此情况下,想要让用户购买产品和实现中视频营销变现也就更容易了。由此可见,品牌广告的变现能力是相当高效的。与其他形式的广告方式相比,针对性更强,受众的指向性也更加明确。

4. 浮窗Logo

浮窗Logo在电视节目中经常可以见到,以某综艺为例,右下角就是某品牌的浮窗Logo,如图6-5所示。但在中视频领域应用得比较少,可能是因为广告性质过于强烈,受到相关政策的限制。

图 6-5 某综艺的浮窗 Logo

其实，浮窗Logo也是广告变现形式的一种，即视频在播放的过程中悬挂在视频画面角落里的标识。以开设在浙江卫视的综艺节目《王牌对王牌》为例，由于某手机品牌赞助了此综艺节目，因此视频节目的右下角也设置了浮窗Logo，如图6-6所示。Logo和节目名字的双重结合，不影响整体视觉效果。

图 6-6　《王牌对王牌》的浮窗 Logo

浮窗Logo是广告变现的一种巧妙形式，同样它也是兼具优缺点的，那么具体来说，它的优缺点分别是什么呢？笔者进行了总结归纳，如图6-7所示。

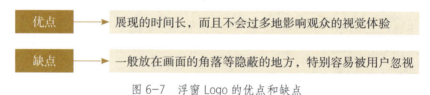

图 6-7　浮窗 Logo 的优点和缺点

由此可见，浮窗Logo的优点也是它的缺点，具有两面性。但总的来说，它不失为一种有效的变现方式。运营者如果想要通过广告变现获得收益，可以试试这一利弊兼具的模式。

5. 冠名商广告

冠名商广告，顾名思义，就是在节目内容中提到名称的广告，这种打广告的方式比较直接，相对而言较生硬，主要的表现形式有3种，如图6-8所示。

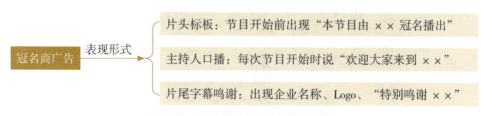

图 6-8　冠名商广告的主要表现形式

第 6 章 商业变现：找对方法让你月入 10W+

在中视频中，冠名商广告同样也比较活跃，一方面企业可以通过头部帐号发布的中视频打响品牌、树立形象，吸引更多忠实客户；另一方面中视频运营者可以从广告商方面得到赞助，双方成功实现变现。图6-9所示为某西瓜视频账号发布的中视频，画面中展示了多个品牌标识。

图 6-9　中视频的冠名商广告

需要注意的是，冠名商广告在中视频领域的应用还不是很广泛，原因有两点，一是投入资金比例大，因此，企业在选择投放平台和节目时会比较慎重；二是很多有人气、有影响力的运营者不愿意将冠名商广告放在片头，而是放在片尾，目的是不影响自己视频的品牌性。

直播变现：手段可谓繁多

现在直播也是非常厉害的一个功能，只要作品上热门了，此时运营者抓住机会就可以开始直播卖货。随着直播的开始，对你感兴趣的人会源源不断地进入直播间，听运营者推荐产品。

1. 两大变现手段

对于有直播技能的运营者来说，最主要的变现方式就是通过直播来赚钱了。开直播变现主要有两种形式，一是获取粉丝礼物；二是引导产品销售。下面，笔者就来分别进行说明。

1）赚取粉丝礼物

粉丝在观看运营者直播的过程中，可以在直播平台上充值购买各种虚拟的礼物，在运营者的引导下或自愿送礼物给运营者，运营者可以从中获得一定比例的提成及其他收入。

这种变现方式要求人物IP具备一定的语言和表演才能，而且要有一定的特点或人格魅力，能够将粉丝牢牢地"锁在"自己的直播间，还能够让他们主动花费钱财购买虚拟礼物。

在许多人看来，直播就是在玩，毕竟某些直播确实只是一种娱乐。但是，不可否认的一点是，只要玩得好，玩着就能把钱给赚了。因为运营者可以通过直播，获得粉丝的打赏，而打赏的这些礼物又可以直接兑换成钱。

当然，要通过粉丝送礼，玩着就把钱赚了，首先需要运营者拥有一定的人气。这就要求运营者自身要拥有某些过人之处，只有这样，才能快速积累粉丝。

其次，在直播的过程中，还需要一些粉丝进行帮衬。在某些直播间，粉丝都是扎堆送礼物的，之所以会出现这种情况，"铁杆粉丝"可以说是功不可没的。这主要是因为人都有从众心理，所以，如果有"铁杆粉丝"带头给运营者送礼物，其他人也会跟着送，这就在直播间形成了一种氛围，让看直播的其他受众在压力之下，因为觉得不好意思或是觉得不能白看，也跟着送礼物。

2）引导产品销售

通过直播，运营者可以获得一定的流量。中视频运营者可以借用这些流量进行产品销售，让用户边看边买，直接将粉丝变成店铺的潜在消费者。相比传统的图文营销，这种直播导购的方式可以让用户更直观地了解产品，它取得的营销效果往往更好一些。

一场成功的购物直播是需要刻意策划的，关于直播前的准备，大致可以从如下3个角度去出发。

第一，提前做好内容策划，也就是主题策划。主题的策划要与商品相关，也可以结合节日热点来策划，总之，运营者的主题要凸显自己的目的及本场直播能给用户带来的好处。

第二，预热和物料准备。确定了直播主题，有经验的运营者会在正式直播卖货前进行预热，因为直播前的预热对直播转化的效果十分明显。这里的预热分为中视频预热和活动预热。

中视频预热就是提前拍摄一些与产品相关的视频做预热。例如，运营者可以拍摄挑选带货产品的全过程，也可以拍摄该商品的生产过程，甚至运营者和商家砍价的过程都可以拍等。接下来是活动预热，运营者发完视频后，可以在评论区引导用户互动，提前把产品免费送给点赞最多的粉丝，然后在签名或者直播时，提前告知用户直播卖货的具体时间。

另外，在直播前期除了直播背景的布置和商品链接的准备外，运营者还要准备好展示商品所用的道具，以及提前了解商品底价清单和库存数量。在准备前，运营者可以拉一个清单，避免遗漏。

总而言之，在直播之前，运营者需要根据直播的内容进行检查，看看产品的相关样品是否到位。如果缺了东西，必须及时告知相关的工作人员。不要等到要用时才发现东西没有到位。

第三，熟知商品卖点。直播卖货本质是货，即使粉丝信任感再强，如果所推的商品对方不需要，运营者即使喊破喉咙也卖不动。所以，运营者在直播前一定要了解商品的所有信息，除了商品的价值和卖点，还可以挖掘商品背后的故事。

例如，运营者如果卖的是一款粉底液，那么直播时就可以告诉大家自己是怎么发现这款粉底液的，以及这款粉底液使用前后的感觉等。有时，运营者讲故事比直接讲卖点更打动人心，当然最好是将两者结合起来。

运营者选择的产品也需要进入西瓜视频内容库，而且要与直播链接的商品保持一致，否则会引发平台警告。毕竟平台要对商品的质量负责，不是所有的产品都能在直播时销售。

2.3 大卖货原则

在直播卖货时，运营者需要遵循一定的原则，具体如下：

（1）热情主动。同样的商品，为什么有的运营者卖不动，有的运营者简单几句话就能获得大量订单？当然，这可能与运营者自身的流量有一定的关系，但即便是流量差不多的运营者，同样的商品销量也可能会出现较大的差距。这很可能与运营者的态度有一定的关系。

如果运营者热情主动地与用户沟通，让用户觉得像朋友一样亲切，那么用户自然愿意买单；反之，如果运营者对用户爱答不理，让用户觉得自己被忽视了，那么他们连直播都不太想看，更不用说购买直播中的产品了。

（2）保持一定频率。俗话说的好："习惯成自然。"如果运营者能够保持一定的直播频率，那么忠实用户便会养成定期观看的习惯。这样，运营者将获得越来越多的忠实用户，同时他们贡献的购买力自然也会变得越来越强。

（3）为用户谋利。每个人都会考虑到自身的利益，用户也是如此。如果运营者能够为用户谋利，那么他们就会支持你，为你贡献购买力。

例如，某头部帐号曾经因为某品牌给他的产品价格不是最低，让粉丝买贵了，向粉丝道歉，并让粉丝退货。此后，主动停止了与该品牌的合作。虽然该头部帐号此举让自己蒙受了一定的损失，但是，却让粉丝看到了他在为粉丝谋利，于是他之后的直播获得了更多粉丝的支持。

当然，为用户谋利并不是一味地损失运营者自身的利益，而是在不过分损失自身利益的情况下，让用户以更加优惠的价格购买产品，让他们看到你在为他们考虑。

3.3 大卖货技巧

直播卖货不只是将产品挂上链接，并将产品展示给用户，而是通过一定的技巧，提高用户的购买欲望。那么，直播卖货有哪些技巧呢？运营者可以从以下3个方面进行考虑：

（1）不要太贪心。虽然产品的销量和礼物的数量与运营者的收入直接相关，但是，运营者也不能太贪心，不能为了多赚一点钱，就把用户当成"韭菜"。当运营者把用户当"韭菜"时，也就意味着他会因此损失一批忠实的粉丝。

（2）积极与用户互动。无论是买东西，还是刷礼物，用户都会有自己的考虑，如果运营者达不到心理预期，他们很可能也不会买单。那么，如何达到用户的心理预期呢？其中一个比较有效的方法就是与用户互动，一步步地进行引导。

（3）亲身说法。对于自己销售的产品，运营者最好在直播过程中将使用的过程展示给用户，并将使用过程中的良好感受也分享给他们。这样，用户在看直播的过程中，会对运营者多一分信任感，也会更愿意购买运营者推荐的产品。

4.3 大万全之策

一场卖货直播是否能够获得成功，与前期的准备有很大关系的。在直播之前，运营者必须做好如下3个方面的必要准备：

（1）了解直播的内容。在直播之前，运营者必须对直播的具体内容进行了解。特别是对于一些不太了解的内容，一定要对直播的内容及相关的注意事项烂熟于心。不然，很可能会被用户问得哑口无言，直接影响直播的效果。

（2）熟悉产品卖点。每款产品都有它的卖点，运营者需要充分了解产品的卖点。产品的卖点是打动用户的重要砝码，只有宣传的卖点是用户需要的，他们才会愿意购买该产品。对此，运营者也可以在直播之前，先使用一下产品，并据此提炼出一些能打动产品的卖点。

（3）做好直播预热。在正式开始直播之前，运营者可能需要先做一个短期的预热。在此过程中，运营者需要通过简短的话语勾起用户看直播的兴趣。有必要的话，可以根据直播内容发布预热中视频，制造一些神秘感。

TIPS 047 企业融资：崎岖难行之道

中视频的概念虽然确立不久，但早就取得了迅速的发展，这就是内容先于概念的一个表现。同时，各种自媒体的火热也引发了不少投资者的注意，如某创作者拥有多重身份，在中视频中自称"一个集美貌与才华于一身的女子"，她还是中戏导演系的研究生，而且还能拿下1200万元投资，一跃成为大咖。

自媒体的前辈"××思维"等人，共同为该帐号投资1200万元，使她奇迹般地从一个论文还没写完的研究生，转变为身价上亿元的中视频创作者，而这一切她仅仅用了不到半年的时间。

融资变现模式对运营者的要求很高，因此可以适用的对象也比较少，能获得投资的运营者也只是中视频行业的个例。但无论如何，融资可以称得上是一种收益大、速度快的变现方式。

TIPS 048 知识付费：颇受行业关注

知识付费与中视频是近年来内容创业者比较关注的话题，同时也是中视频变现的一种新思路。怎么让知识付费更加令人信服？如何让拥有较高水平的中视频成功变现、持续吸粉？两者结合可能是一种新的突破，既可以让知识的价值得到体现，又可以使得中视频成功变现。

从内容上来看，付费的变现形式又可以分为两种不同的类型，一种是细分专业咨询费用，如摄影、运营的技巧和方法，另一种是教学课程收费。本节将专门介绍这两种不同内容形式的变现模式。

知识付费之所以发展越发火热，是因为它符合了移动化生产和消费的大趋势，尤其是自媒体领域，知识付费呈现出一片欣欣向荣的景象。付费平台也层出不穷，如在行、知乎、得到及喜马拉雅FM等。那么，值得思考的是，知识付费到底有哪些优势呢？为何这么多用户热衷用金钱购买知识？笔者将其总结为3点，如图6-10所示。

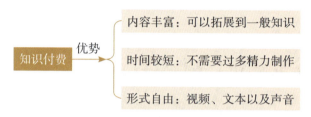

图 6-10 知识付费的优势

由于中视频本身的时长充裕，如果加上细分专业的咨询，或许能让运营者获得更多收入，但还有很多类型的知识付费还有待共同的探索和发现，运营者可在运营过程中进行实质性探索。

此外，中视频运营者还可以利用微信小程序和公众号搭建自己的付费平台，比如，某中视频运营者"×××说大片"就在微信公众号上搭建了知识付费平台，如图6-11所示。

图 6-11 微信公众号上的知识付费平台

视频收益：热门变现方式

目前西瓜视频正在大力扶持中视频作品，因此，只要视频播放量、点赞量和评论量达到官方标准，该中视频就可以产生收益。根据笔者的经验，在播放量、点赞量和评论量中，占比最重的非播放量莫属，具体来说，播放量为5000次的中视频收益为14元左右。此外，如果运营者开通了原创功能，那么他的收益将会远远超过没开通原创功能的运营者。

内容变现：产品快速脱销

什么样的中视频容易变现？这一节，笔者向大家推荐西瓜视频等平台最容易变现的内容，帮大家把产品卖到脱销。

1. 推荐优质产品

有不少朋友被"种草号"的内容所吸引，然后激发出了需求。尤其是有很多人在留言评论区都在说已下手时，某些用户虽然没多少钱，但还是情不自禁地"剁手"了。

做这类中视频，需要具备良好的选品眼光，就是说运营者要知道哪些产品受人喜欢，并且大部分用户都用得着、买得起。总之，运营者选的产品方向，一定是越垂直越好。

对于运营者来说，选品有7个原则，一定要谨记，分别是新、奇、特、展、利、品、高。这里先介绍新、奇、特。此处的"新"，指的是新鲜感，也就是某产品不常见；"奇"指的是有创意，让用户感到意外；"特"指的是特别，完全颠覆了用户的固有常识。

视频平台上卖的大部分爆款商品，都符合"新""奇""特"原则。如图6-12所示，该中视频中展示的可爱手机壳，就是我们生活中比较少见的，而且是让人感觉很有创意的产品。因此，许多用户在看到该中视频之后，马上就对视频中的可爱手机壳心动了。

图 6-12　展示可爱手机壳

"展"指的是用中视频展示商品的使用场景,这一点很重要,运营者在选择商品时,需要思考如何把它的优点在使用场景中展现出来。

"利"指的是利润,运营者做"种草号"一定是追求利润最大化,所以,在选择商品时,运营者除了看这个商品的佣金,还要看这个商品的往期销量。

另外,在西瓜视频等平台不适合卖高客单价(per customer transaction,顾客平均购买商品的金额)的商品,只要入手价格超过60元,销售转化率就会特别低。因为用户都很机灵,只要商品价格一高,就一定会去其他平台比价。如果某些用户真的有需求,多半也是在其他平台成交,而不会选择在西瓜视频橱窗里购买。

"品"指的是品质,这是好商品的及格线。运营者挑选的商品质量一定要过关,不能以次充好。一般来说,运营者在挑选商品时,都会先看评价,如果产品评价比较差,即使佣金再高也不能卖。因为这是关于一个做人标准的问题,而且也直接影响用户的信任感。我们不能消耗抖音用户的信任,毕竟要做长期的生意。

"高"就是高频刚需的产品。为什么某日用品公司可以屹立100多年不倒,成为全球最大的日常消费品公司?因为该公司的许多商品对用户来说都是高频刚需的,而这些高频刚需的商品往往售价低廉,用户可以很容易做出购买决策。

最后,笔者总结了两个选品技巧:一是选产品时一定要先参考同行数据,看他们此类产品的销量如何,销量好的产品可以快速跟进,并在此基础上做出差异化的内容;二是选择的产品一定要满足"新""奇""特"原则。

2. 测评相关产品

在西瓜视频和B站上,测评类账号比较多,例如,西瓜视频账号"××评测"这个账号,就是挑粉丝感兴趣的产品,主要测试使用效果、成分、质量和性价比等,并在测试的同时,为用户提供安全放心的产品,如图6-13所示。

图6-13 "××评测"发布的中视频和相关商品详情

当然,运营者不用做得那么专业,可以选择"大V"还没有测评的小领域,做简单测评。例如,测评线上课,衡量课程的收获及知识点丰不丰富等。值得注意的是,测评时应保持中立态度,这一点运营者一定要谨记在心。

场景变现:开启多元带货

即便是相同的产品,如果场景不同,用户的购买欲望也会有所不同。那么,运营者如何通过多元化的场景,更好地实现带货变现呢?笔者认为必须重点做好两点,一是通过场景表达主题,二是将产品作为道具融入场景。

1. 通过场景表达主题

产品不仅是中视频主题服务的对象，也是中视频的核心。就像在电影、电视剧里植入产品广告一样，电影和电视剧要表达的核心内容才是主题，即便是植入广告，也要尽可能地和主题有所关联。因此，通过场景表达的主题应该与产品具有一定的相关性，不然产品很难融入视频中。

例如，如果运营者要表达的主题是展示舞蹈，那么可以穿上店铺中销售的服装展示跳舞的场景；如果运营者要表达的主题是怎么做好一道美食，那么可以将店铺中销售的食品当成烹饪的食材，用店铺中销售的厨具进行烹饪，展现烹饪的场景。图6-14所示为"××景区"账号，该运营者就是通过具体的旅游景点来吸引游客的。

图6-14 通过场景表达主题

2. 道具融入场景之中

图6-15所示为DIY小礼物的中视频，该运营者将DIY的小礼物作为道具融入各种场景中。因为这种小礼物本身就比较有特色，再加上视频内容也比较有趣，所以，该视频很快就吸引了许多用户。

图6-15 将产品作为道具融入场景

将产品作为道具融入场景，可以凸显产品的优势，刺激用户的购买需求。同时，能从一定程度上弱化营销的痕迹，减少用户的反感情绪。

广告代言：适用于头部创作者

当视频号运营者的账号积累了大量粉丝，账号成了一个知名度比较高的IP之后，可能就会被邀请做广告代言。此时，视频号运营者便可以通过赚取广告费的方式进行IP变现。一般来说，通过广告代言变现的IP粉丝数量多、知名度高。图6-16所示为某头部创作者的视频号主页。

图6-16　某头部创作者的视频号主页

该头部创作者成功接到了许多广告代言，其中不乏一些知名品牌的代言。图6-17所示为某头部创作者的代言宣传海报。广告代言多，又有不少是知名品牌，他的广告代言收入也就可想而知了。

图6-17　某头部创作者的代言宣传海报

品牌变现：适用于企业

品牌能够借助火爆的中视频内容效应引动粉丝，而达到流量与价值的双重变现。超级IP与品牌通过中视频将双方紧密结合，是中视频变现的一个新渠道。例如，某零食品牌开设了西瓜视频账号，并发布了一些有趣的中视频，如图6-18所示。

图 6-18　某零食品牌账号

虽然该零食品牌在西瓜视频上的橱窗只有一件商品，但通过中视频的发布，也从一定程度上提高了这个品牌在用户心中的知名度和认同感，同时能够促进产品的销售，让品牌商家获得更多利润，如图6-19所示。

通过中视频进行品牌变现时，还需要注意如下两点。

1. 品牌和超级IP的共性

西瓜视频等平台可以为品牌带来大量的流量，同样的品牌也具备这个能力。在互联网中创

图 6-19　某零食品牌的橱窗

业，流量是最重要的"武器"，没有流量就难以赢得市场，没有消费者就不会有收益。可以说现在就是一个"粉丝时代"，拥有流量的品牌或IP才能真正做好做大。

2. 做好品牌

根据西瓜视频的基础用户画像报告显示，其用户的男性比例高于女性比例，年龄大部分在30岁以上，而且大部分用户来自一、二线城市。因此，品牌商家如果想要扩散到更广泛的人群，必须在内容上下功夫，此时账号定位就相当重要了。

拍摄制作篇

第7章

拍摄准备：
轻松记录所有美好瞬间

在正式拍摄中视频之前，运营者需要做好许多准备，需要准备相关器材，如拍摄设备、镜头、稳定器、录音设备、灯光设备、闪光灯设备、辅助设备。此外，运营者还需要做好其他准备，如打造个人化IP、选择合适的演员和选择符合中视频内容的场地等。

拍摄设备：选择较合适的

视频的主要拍摄设备包括手机、单反相机、微单相机、迷你摄像机、专业摄像机、运动相机和搭载摄像头的无人机等，运营者可以根据自己的资金状况来选择。运营者首先需要对自己的拍摄需求做一个定位，到底是用来进行艺术创作，还是纯粹来记录生活，对于后者，笔者建议选购一般的单反相机、微单或者好一点的拍照手机即可。只要运营者掌握了正确的技巧和拍摄思路，即使是便宜的摄影设备，也可以创作出优秀的视频作品。

1. 要求不高的运营者，使用手机即可

对于那些对视频品质要求不高的运营者来说，普通的智能手机即可满足他们的拍摄需求，这也是目前大部分运营者使用的拍摄设备。

智能手机的摄影技术在过去几年飞速发展，手机摄影也变得越来越流行，其主要原因在于手机摄影功能越来越强大、手机价格比单反更具竞争力、移动互联时代分享上传视频更便捷等，而且手机可以随身携带，能满足随时随地的拍视频需求，让运营者也进入到这个"全民拍中视频时代"中。图7-1所示为某品牌10 Pro手机，其主摄像头像素已高达1亿像素。

图7-1 某品牌10 Pro手机

2. 专业拍视频，可使用单反或摄像机

如果运营者是专业从事摄影或者视频制作方面的工作，或者是"骨灰级"的视频玩家，那么单反相机或者高清摄像机是必不可少的摄影设备，如图7-2所示。此外，这些专业设备拍摄的视频作品通常还需要结合计算机的后期处理，否则效果不能完全发挥出来。

图 7-2　单反相机和高清摄像机

★ 专家提醒 ★

微单是一种跨界产品，功能定位于单反和卡片机之间，最主要的特点就是没有反光镜和棱镜，因此体积也更加微型小巧，同时还可以获得媲美单反的画质。微单比较适用于普通运营者的拍摄需求，不但比单反轻便，而且还拥有专业性与时尚的特质，同样能够获得不错的视频画质表现力。

笔者建议运营者购买全画幅的微单相机，因为这种相机的传感器比较大，感光度和宽容度都较高，拥有不错的虚化能力，画质也更好。同时，运营者可以根据不同中视频内容题材，来更换合适的镜头，拍出有电影感的视频画面效果。

3. 拍摄运动画面，可使用运动相机

运动相机设备可以还原每一个运动瞬间，记录更多转瞬即逝的动态之美或奇妙表情等丰富的细节，还能保留相机的转向运动功能，带来稳定、清晰、流畅的视频画面效果。图7-3所示为GoPro HERO9 Black 5K运动相机，拥有2000万像素、HyperSmooth增强防抖功能及5K超高清画质。

图 7-3　运动相机

运动相机能轻松应对旅拍、Vlog、直播和生活记录等各种中视频场景的拍摄需求。运营者在拍摄时可以先设置好分辨率、帧率、色彩和畸变校正等功能，同

时拍摄时可以非常灵活地转变视角，获得流畅平稳的画面效果。图7-4所示为运动相机跟拍的机器人，这样的视角能够让机器人显得更加高大。

图 7-4　跟拍物体

4. 掌握无人机，新手也能拍出大片

现在，很多运营者都喜欢用无人机来拍摄中视频，这样可以用不同的视角来展示作品的魅力，带领观众欣赏到更美的风景。随着无人机的市场越来越成熟，现在的无人机体积越来越小巧，有些无人机只需要一只手就能轻松拿住，出门携带也方便，如大疆御2系列无人机，如图7-5所示。

图 7-5　大疆御 2 系列无人机

无人机主要用来进行高空航拍，能够拍摄出宽广大气的中视频画面效果，给人一种气势恢宏的感觉，如图7-6所示。

图 7-6 航拍清晨的水库风光

挑选镜头：提升成像质量

如果用户选择使用单反相机拍摄中视频，那么最重要的部件就是镜头了。镜头的优劣会对中视频的成像质量产生直接影响，而且不同的镜头可以创作出不同的视频画面效果。下面介绍拍摄中视频常用的镜头类型和选购技巧。

1. 广角镜头

广角镜头的焦距通常都比较短，视角较宽，而且其景深很深，对于拍摄建筑和风景等较大场景的中视频非常适合，画质和锐度都相当不错，如图7-7所示。

图 7-7 大场景的建筑中视频效果

2. 长焦镜头

普通长焦镜头的焦距通常为85～300mm，超长焦镜头的焦距可以达到300mm以上，可以拉近拍摄距离，非常清晰地拍摄远处的物体，主要特点是视角小、景深浅、透视效果差。使用长焦镜头可以轻松捕捉宏伟建筑群的细节，压缩感会增强整个视频画面的紧凑性，如图7-8所示。

图7-8 宏伟建筑群

在拍摄特写中视频时，长焦镜头还可以获得更浅的景深效果，从而更好地虚化背景，让观众的目光聚焦在视频画面的主体上，如图7-9所示。

图7-9 动物特写中视频效果

在拍摄夜景或者有遮挡物的逆光场景时，使用长焦镜头可以让焦外光晕显得更大，画面也更加唯美。如图7-10所示，在拍摄这个宠物Vlog中视频时，采用逆光的角度，光线穿过树叶时就形成了非常漂亮的焦外光晕效果。

图 7-10　焦外光晕效果

在逆光拍摄花卉或叶子时，可以通过结合镜头的景深和环境中的光线，镜头景深范围外的光线，如树叶间隙的亮光点、树叶或小草上的亮光点等，形成模糊的光斑，来打造焦外光斑效果，增强画面的氛围感。

同时，在使用环绕运镜拍摄中视频时，长焦镜头还可以获得更强的时空感和速度感。另外，长焦镜头还可以轻松拍到更大的太阳、圆润的月亮及更加纪实的画面效果，如图7-11所示。

图 7-11　大月亮效果

3. 镜头的选购

在选择拍摄中视频的镜头时，用户可以观察镜头上的各种参数信息，如品牌、焦距、光圈和卡口类型等。图7-12所示为索尼（SONY）FE 16-35mm F2.8 GM全画幅广角变焦G大师镜头。

图 7-12　全画幅广角变焦镜头

其中，FE是指全画幅镜头；16-35表示镜头的焦距范围，单位为毫米；2.8表示镜头的最大光圈系数；GM即G Master，意思是专业镜头。如果对于镜头的选购拿不定主意的话，建议去租用一些镜头，然后亲自拍摄试用，并对作品进行对比，检查画面的清晰度和焦距，从而选择拍摄效果更优的镜头。

稳定器：拍摄时需要防抖

稳定器是用于拍摄中视频时稳固拍摄器材，给手机或相机等拍摄器材作支撑的辅助设备，如三脚架、八爪鱼支架和手持云台等。所谓稳固拍摄器材，就是指将手机或相机固定或者使其处于一个十分平稳的状态。

拍摄器材是否稳定，能够在很大程度上决定视频画面的清晰度，如果手机或相机不稳，就会导致拍摄出来的视频画面也跟着摇晃，从而使画面变得十分模糊。如果手机或相机被固定好，那么拍摄过程中就会十分平稳，拍摄出来的视频画面也会非常清晰。

1. 三脚架

三脚架主要用来在拍摄中视频时更好地稳固手机或相机，为创作清晰的中视频作品提供了一个稳定平台。图7-13与图7-14所示分别为三脚架与使用三脚架固定相机拍摄中视频的示意图。三脚架主要起到一个稳定拍摄器材的作用，所以三

图 7-13　三脚架

脚架需要结实。但是，由于其经常需要被携带，所以又需要有轻便快捷和随身携带的特点。

图7-14　使用三脚架固定相机拍摄中视频的示意图

2. 八爪鱼支架

三脚架的优点一是稳定，二是能伸缩，但三脚架也有缺点，就是摆放时需要相对比较好的地面，而八爪鱼刚好能弥补三脚架的缺点，因为它有"妖性"，八爪鱼能"爬杆""上树"，还能"倒挂金钩"，能获得更多更灵活的中视频取景角度，如图7-15所示。

图7-15　八爪鱼支架

3. 手持云台

手持云台的主要功能是稳定拍摄设备，防止画面抖动造成的模糊，适合拍摄户外风景或者人物动作类中视频，如图7-16所示。手持云台能根据用户的运动方向或拍摄角度来调整镜头的方向，无论用户在拍摄期间如何运动，手持云台都能保证视频拍摄的稳定。

第 7 章 拍摄准备：轻松记录所有美好瞬间

图 7-16 使用手持云台稳定器设备拍摄中视频

录音设备：选择高性价比

普通的中视频，直接使用手机录音即可，对于采访类、教程类、主持类、情感类或者剧情类的中视频来说，对声音的要求比较高，推荐大家选择 TASCAM、ZOOM、SONY 等品牌的性价比较高的录音设备。

（1）TASCAM。这个品牌的录音设备具有稳定的音质和持久的耐用性。例如，TASCAM DR-100MKIII 录音笔的体积非常小，适合单手持用，可以保证采集的人声更为集中与清晰，收录效果好，适用于谈话节目类的中视频场景，如图 7-17 所示。

图 7-17 TASCAM DR-100MKIII 录音笔

（2）ZOOM。ZOOM品牌的录音设备做工与质感都不错，而且支持多个话筒，可以多用途使用，适合录制多人谈话节目、情景剧的中视频。图7-18所示为ZOOM Zoom H6手持数字录音机，这款便携式录音机能够真实还原拍摄现场的声音，录制的立体声效果可以增强中视频的真实感。

图7-18　ZOOM Zoom H6 手持数字录音机

（3）SONY。SONY品牌的录音设备体积较小，比较适合录制各种单人中视频，如教程类、主持类的应用场景。图7-19所示为索尼ICD-TX650录音笔，该录音笔造型极具现代感，使用的是高对比度的OLED（Organic Light-Emitting Diode，有机发光半导体）屏幕，不仅小巧便捷，可以随身携带录音，而且还具有智能降噪、7种录音场景、宽广立体声录音、立体式麦克风等特殊功能。

图7-19　索尼 ICD-TX650 录音笔

灯光设备：增强光线与美感

在室内或者专业摄影棚内拍摄中视频时，通常需要保证光感清晰、环境敞亮、可视物品整洁，所以，需要明亮的灯光和干净的背景。光线是获得清晰视频画面的有力保障，不仅能够增强画面美感，而且运营者还可以利用光线来创作更多有艺术感的中视频作品。下面介绍一些拍摄专业中视频时常用到的灯光设备。

（1）八角补光灯：具体打光方式以实际拍摄环境为准，建议一个顶位，两个低位，适合运用在各种音乐类、舞蹈类、带货类等中视频场景，如图7-20所示。

图 7-20　八角补光灯

（2）顶部射灯：功率通常为15～30W，运营者可以根据拍摄场景的实际面积和安装位置来选择合适的射灯强度和数量，适用于舞台、休闲场所、居家场所、娱乐场所、服装商铺、餐饮店铺等拍摄场景，如图7-21所示。

图 7-21　顶部射灯

（3）美颜面光灯：美颜面光灯通常带有美颜、美瞳、靓肤等功能，光线质感柔和，同时可以随场景自由调整光线亮度和补光角度，拍出不同的光效，适用于拍摄彩妆造型、美食试吃、主播直播、人像视频等场景，如图7-22所示。

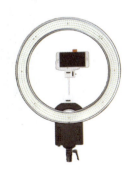

图 7-22　美颜面光灯

闪光灯设备：让光线更明亮

手机的摄像头对于光线的捕捉能力要远远低于相机，因此，在光线不足的环境下拍摄视频时，成像质量就会比较差。可以运用一些手机的拍摄功能或配件，来弥补光线不足的问题，以获得更好的画面效果。其中，手机自带的闪光灯设备或者外置闪光灯都是不错的弥补方法。

通常，智能手机都配备了LED闪光灯，虽然这种闪光灯的亮度比较差，但拍摄近距离的对象时，也能够很好地弥补光线不足的问题。例如，某品牌10至尊纪念版的闪光灯位于镜头的旁边，如图7-23所示。在手机相机中点击闪光灯按钮，就可以在录制视频时开启闪光灯功能。

图7-23 某品牌10至尊纪念版的闪光灯

手机外置闪光灯功能更强大，能够实现更好的补光效果。例如，某A1手机闪光灯具有自动闪光和手动闪光等功能，同时能够直接通过手机App进行控制，操作更加快捷，能够提高手机的摄影能力和中视频质量，如图7-24所示。

图7-24 某A1手机闪光灯和控制App

在夜晚或弱光环境下拍摄中视频时，没有使用闪光灯的情况下，主体不清晰，焦点找不到，画面整体很昏暗且明显曝光不足。开启闪光灯后，能够给予强大的光线来辅助照明，主体被完全照亮，曝光充足，焦点准确，如图7-25所示。

图 7-25　主体清晰明亮的视频效果

辅助设备：拍出电影级效果

对于新手来说，拍摄中视频可能一个手机就完全足够了，但对于专业用户来说，可能会购买一大堆辅助设备，来拍出电影级的大片效果。

（1）绿色背景布：这是拍摄创意合成类中视频必不可缺的设备，方便用户进行抠像合成和更换背景等视频处理，适用于各种后期场景，如图7-26所示。

图 7-26　绿色背景布

（2）小摇臂：使用小摇臂来固定相机，可以360度旋转拍摄，以及通过手柄来控制镜头的俯仰程度，实现不同角度的拍摄效果，如图7-27所示。

（3）提词器：提词器可以导入文本和图片，显示文案内容，主要用于拍摄口播、歌曲MV、美食制作、产品带货、课程培训、名家专访、新闻评论、影视解说及开箱评测等类型的中视频场景，还可以用来播放歌词，能够极大地提高中视频的拍摄效率，如图7-28所示。

图 7-27　小摇臂设备　　　　　　　　图 7-28　提词器设备

（4）怪手支架：怪手支架是一种稳定设备，可以同时安装多种拍摄器材，如相机、手机和闪光灯等，从而让摄影、视频和布光能够同时进行，如图7-29所示。

图 7-29　怪手支架设备

拍摄制作篇
第 7 章 拍摄准备：轻松记录所有美好瞬间

（5）无线图传：无线图传设备主要用于图像传输和画面监看，适用于活动直播和视频拍摄等场景，在使用稳定器拍摄高难度的运动镜头时，能够实时观察手机或平板等监看设备，来查看画面效果并做出运镜调整，如图7-30所示。

图 7-30 无线图传设备

TIPS 061 提高辨识度：打造人格化的 IP

除了需要专业的设备外，运营者还需要打造人格化的IP。如今，IP常常用来指代那些有人气的东西，包括现实人物、书籍动漫、影视作品、虚拟人物、游戏、景点、综艺节目、艺术品及体育等，IP可以用来指代一切火爆的元素。图7-31所示为IP的主要特点。

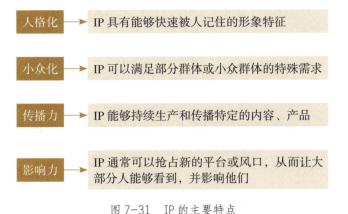

图 7-31 IP 的主要特点

在中视频领域，个人IP就是基于账号定位来形成的，而超级IP不仅有明确的账号定位，而且还能够跨界发展，甚至很多运营者能凭借这个超级IP获得一笔不菲的收入。

笔者总结了两个运营者的IP特点，如表7-1所示。用户可以从中发现他们的风格特点，从而更好地规划自己的IP定位。

表7-1 某运营者的IP特点分析

运营者	粉丝数量	IP 内容特点
×××说大片	243.5万	该运营者主要以解说影视剧为主，他以犀利精辟的语句和快速的解说语调深受粉丝欢迎
美食作家×××	437.4万	该运营者是一个29岁的小伙，他教人做菜的视频与其他美食视频创作者不一样，画面简洁粗暴，没有加任何滤镜。而且，他视频中做的菜肴大多是家常菜，用户可操作性、可复制性很强

通过分析上面这两个运营者，可以看到，他们身上都有非常明显的个人标签，这些就是他们的IP特点，能够让他们的内容风格更加明确和统一，让他们的人物形象深深印在粉丝的脑海中。在这个新媒体时代，普通人要变成超级IP并不难，关键是如何去做。笔者总结了一些打造IP的方法和技巧，如图7-32所示。

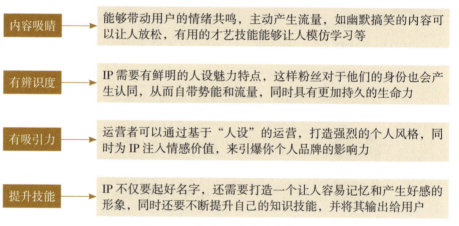

图 7-32 打造 IP 的方法和技巧

选择演员：符合要求即可

对真人出镜的中视频，系统会给予更多的流量倾斜。因此，能够有真人出镜的机会，运营者都不要错过。笔者总结了拍摄中视频时选演员的技巧，如图7-33所示。

当然，拍摄中视频需要做的工作还有很多，如策划、拍摄、表演、剪辑、包装及运营等。如果拍摄的中视频内容方向为生活垂直类的，每周计划推出2~3集内容，每集为5分钟左右，那么4~5个人就够了，分别负责编导、运营、拍摄及剪辑。

图7-33 拍摄中视频选择演员的技巧

选择场地：考虑具体情形

在选择中视频的拍摄场地时，运营者可以根据账号定位和中视频内容具体考虑。场地主要对视频拍摄主体起到解释、烘托和加强的作用，也可以在很大程度上加强观众对视频主体的理解，让视频的主体和主题都更加清晰明确。

一般来说，如果只是对视频拍摄主体进行展示，往往很难达到中心思想上的更多表达，而加上了场地环境，就能让观众在明白视频拍摄主体的同时，更容易明白拍摄者想要表达的思想与情感。

用户在选择中视频的拍摄场地时，可以选择一些热门的拍摄场地来借势，也能够获得不少平台的流量推荐。例如，许多"网络流行打卡地"吸引了很多拍摄者和游客前往，因此，在这些地方拍摄的中视频也极易被人关注。

运营者在选择拍摄场地时，可以直接在中视频平台上搜索当地或附近的网络流行景点，这些地方不仅知名度高，而且人群聚集量也非常大。同时，发布中视频时也需要将地点标签选择在这个地方，这样系统就会首先将你的中视频推荐给附近的人看，从而获得更多的观众点赞和评论。另外，用户也可以选一些存在争议或缺陷的场地来拍摄中视频，增强中视频的话题性，让用户积极参与评论。

第8章

拍摄技巧：
随手拍出大片的既视感

　　使用手机、相机等设备拍摄中视频时，要想获得好的效果，就要保证中视频的美观度。一段视频就算内容再好，如果美观度不够的话，其质量就会大打折扣。

　　本章笔者就带大家好好了解一下提高中视频美观度的拍摄技巧。

五大原则：拍出满意效果

随着5G设备的普及和WiFi6路由器的推广，网速得到了大幅度提升，观看视频已成为流行的休闲方式。同时，也有越来越多的人开始自己拍摄和发布中视频，他们都希望自己的中视频能得到更多用户的关注、点赞和评论。本节介绍3个拍摄原则，帮助大家拍出满意的视频效果。

1. 确定好中视频内容风格

一般来说，在中视频拍摄之前需要做好整体构思，确定好中视频的主体内容风格，下面笔者举一些例子：

（1）颜值高的运营者可以选择"卖萌"或者"扮酷"，来展现自己的优势。

（2）拥有一技之长的运营者可以充分利用中视频展示自己的才华。

（3）擅长幽默搞笑的运营者可以创作"戏精类"的中视频，展示自表演天赋。

2. 练好平稳运镜的基本功

部分运营者没有专业的拍摄团队和拍摄工具，但是就中视频拍摄来说，平稳运镜是非常重要的。特别是快速镜头运用时，如果画面不平稳，用户看起来会很吃力。为了更平稳地拍摄，运营者应该伸直臂膀，尽量匀速移动镜头，不要随意颤抖，让拍摄出来的画面更加流畅。

如果运营者是用手机拍摄中视频，那么运镜的主要技巧就是用手控制手机，手机要往哪边移动，手就要往哪边移动。建议大家先从基础的运镜开始学，可以在网上搜索"运镜教程"，根据网上的视频先试着练习一番，如图8-1所示。

3. 善于运用小道具和后期

一个普通的中视频要想获得更多的关注，一定要提高视频质量和品味，这就需要运营者掌握更复杂的后期

图8-1 学习视频拍摄的运镜技巧

方法。除了前期的拍摄，视频的呈现效果还取决于滤镜和后期。一般来说，运营者拍摄好视频后，可以利用各种软件进行后期剪辑和制作，这一点将在第9章中详细介绍。

在中视频后期制作中，道具和滤镜的正确配合可以对视频起到很好的点缀和优化作用。另外，每种特效中也有很多种选择，用好这些后期特效，也能为中视频带来意想不到的效果。后期技术高超的运营者，还可以利用道具和特效来掩盖拍摄中的瑕疵。

TIPS 065 利用光线：提升视频画质

如今所说的光大都分为自然光与人造光。光线是十分抽象的名词，是指光在传播时人为想象出来的路线。如果这个世界没有光，那么世界就会呈现出一片黑暗的景象，所以，光线对于视频拍摄来说至关重要，也决定着视频的清晰度。当光比较黯淡时，拍摄的视频就会模糊不清，即使手机像素很高，也可能存在此问题。反之，当光较亮时，拍摄的视频画面内容会比较清晰。

本节所讲的光线主要是顺光、侧光、逆光、顶光这四大类光线。

1. 顺光

顺光就是指照射在被摄物体正面的光线，其主要特点是受光非常均匀，画面比较通透，不会产生明显的阴影，且色彩亮丽。采用顺光拍摄的中视频作品能够让主体更好地呈现出自身的细节和色彩，从而进行细腻的描述，如图8-2所示。

图8-2　顺光拍摄的中视频片段

2. 侧光

侧光是指光源的照射方向与视频的拍摄方向呈直角状态,即光源是从视频拍摄主体的左侧或右侧直射过来的光线,因此,被摄物体受光源照射的一面非常明亮,而另一面则比较阴暗,画面的明暗层次感非常分明,从而使主体更加立体,如图8-3所示。

图8-3 侧光拍摄展现立体感

3. 逆光

逆光是一种具有艺术魅力和较强表现力的光照。逆光是一种视频拍摄主体刚好处于光源和手机之间的情况,这种情况容易使被摄主体出现曝光不足的情况,但是逆光可以出现剪影的特殊效果,也是一种极佳的艺术摄影技法。

在采用逆光拍摄手机视频时,只需要将手机镜头对着光源即可,这样拍摄出来的手机视频中的画面会有剪影,如图8-4所示。如果用于拍摄树叶,会使树叶呈现晶莹剔透之感。

图 8-4　逆光拍摄实现剪影效果

4. 顶光

顶光，可以认为是炎炎夏日时正午的光线情况，从头顶直接照射到视频拍摄主体身上的光线。顶光是垂直照射于视频拍摄主体，阴影置于视频拍摄主体下方，占用面积很少，几乎不会影响视频拍摄主体的色彩和形状展现，顶光光线很亮，能够展现出视频拍摄主体的细节，使视频拍摄主体更加明亮，如图8-5所示。

图 8-5　顶光拍摄视频让主体更加明亮

想用顶光构图拍摄手机视频，如果是利用自然光的话，就需要在正午，太阳刚好处于正上方时，可以拍摄出顶光视频。如果是人造光的话，将视频拍摄主体移动到光源正下方，或者将光源移动到主体最上方，也可以拍摄出顶光视频。

★ 专家提醒 ★

手机拍摄视频时所用到的光线远远不止笔者提及的这4种，还有散射光、直射光、底光、炫光、云隙光等，而且不同时段的光线又有所不同，由于篇幅有限，笔者不能一一为大家介绍，想要更深入学习的朋友，可以自行查阅《Vlog视频拍摄、剪辑与运营从小白到高手》一书。

拍摄距离：把握主体远近

"拍摄距离"，顾名思义，就是指镜头与视频拍摄主体之间的距离。

1. 作用

拍摄距离的远近，能够在手机镜头像素固定的情况下，改变视频画面的清晰度。一般来说，距离镜头越远，视频画面越模糊，距离镜头越近，视频画面越清晰，当然，这个"近"也是有限度的，过分的近距离也会使视频画面因为失焦而变得模糊。

2. 方法

一般在拍摄视频时，有两种方法来控制镜头与视频拍摄主体的距离，具体分析如下。

1）依靠变焦功能

依靠手机自带的变焦功能，可以将远处的视频拍摄主体拉近，这种方法主要是用于拍摄物体较远，无法短时间到达，或者拍摄物体处于难以到达的地方。

手机拍摄视频自由变焦能够将远处的景物拉近，然后进行拍摄，就很好地解决了这一问题。而且在视频拍摄过程中，采用变焦拍摄的好处就是免去了拍摄者因距离远近而跑来跑去的麻烦，只需要站在同一个地方就可以拍摄到远处的景物。

如今很多手机都具有变焦功能，大部分情况下，手机变焦可以通过两个手指头，一般是大拇指与食指，捏住视频拍摄界面放大或者缩小就能够实现视频拍摄镜头的拉近或者推远。下面以安卓手机视频拍摄时的变焦设置为例，为大家讲解如何设置手机变焦功能。

打开手机相机，点击录像按钮，进入视频拍摄界面之后，用两只手指触摸屏幕滑动即可进行视频拍摄的变焦设置，如图8-6所示。当然，使用这种变焦方法拉近视频拍摄主体，也会受到手机镜头本身像素的影响。

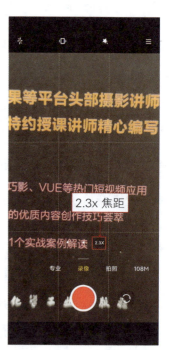

图 8-6　安卓手机视频拍摄变焦设置

2）依靠移动位置

短时间能够到达或者容易到达的地方，可以通过移动拍摄者位置来达到缩短拍摄距离的效果。

在手机视频拍摄过程中，如使用变焦设置，运营者一定要把握好变焦的程度，远处景物会随着焦距的拉近而变得不清晰，所以，为保证视频画面的清晰，变焦要适度。

基础设置：拍出精致内容

在拍摄中视频之前，运营者需要选择合适的分辨率，通常建议将分辨率设置为1080P（FHD）、18∶9（FHD+）、4K（UHD）或者8K（SHV），如图8-7所示。

FHD（即FULL HD）是Full High Definition的缩写，即全高清模式；UHD（Ultra High Definition的简写）是超高清模式，即4K，其分辨率是全高清（FHD）模式的4倍；SHV（Super Hi-Vision）是超高精细影像的标准，也就是8K。

例如，西瓜视频和B站的横屏中视频默认分辨率为1920×1080。运营者在平台上传中视频时，运营者应该先修复视频，避免上传之后产生模糊的现象，影响用户的观看体验。另外，运营者在使用手机相机进行拍摄时，也可借助参考线功能（网格线和螺旋线）辅助画面构图，更好地将观众的视线聚焦到主体对象上，如图8-8所示。

图 8-7　手机相机的分辨率设置

图 8-8　使用网格功能辅助画面的构图

前景装饰：提升视频效果

前景，最简单的解释就是位于视频拍摄主体与手机镜头之间的事物。前景装饰就是指在视频拍摄当中，起装饰作用的视频前景。

1. 作用

前景装饰可以使视频画面具有更强烈的纵深感和层次感，同时也能大大丰富中视频画面的内容，使中视频更加鲜活饱满。

2. 拍法

在进行视频拍摄时，运营者可以将身边能充当前景的事物拍摄到视频画面中。图8-9所示为将树枝作为视频前景装饰的视频拍摄案例。

图8-9 将树枝作为视频前景装饰的视频拍摄案例

图8-9所示的视频拍摄截图中，拍摄者所采用的前景装饰就是树枝，但大家不难看出该树枝的线条十分清晰明了，将船夫、扁舟和少女组合在一起，使中视频画面显得更加丰富。

当然，在有前景装饰的视频拍摄当中还有一种前景装饰是不清晰的，就是前景深。前景深当中的前景只是为了使视频中的主体更加突出，但又不显得单调。拍摄者并没有刻意将前景完全清晰地展现出来，如图8-10所示。

★ 专家提醒 ★

使用前景装饰的方式拍摄视频时，要注意前景装饰毕竟只是作为装饰而存在，切不可面积过大，抢了视频拍摄主体的"风头"，所以，在实际的视频拍摄过程当中，要注意前景装饰大小的选择，千万不可反客为主。

|拍摄制作篇
第 8 章 拍摄技巧：随手拍出大片的既视感

图 8-10 前景模糊、主体突出的中视频拍摄案例

取景构图：让观众眼球聚焦主体

要想中视频获得系统推荐，快速上热门，好的内容质量是基本要求，构图是拍好中视频必须掌握的基础技能。运营者可以用合理的构图方式来突出主体、聚集视线和美化画面，从而突出视频中的人物或景物的吸睛之点，以及掩盖瑕疵，让中视频的内容更加优质。

中视频画面构图主要由主体、陪体和环境3大要素组成，主体对象包括人物、动物和各种物体，是画面的主要表达对象；陪体是用来衬托主体的元素；环境则是主体或陪体所处的场景，通常包括前景、中景和背景等，如图8-11所示。

构图：下三分线构图
主体：廊庭
陪体：廊桥
环境：栏杆（前景）、建筑（中景）、
　　　天空（背景）

构图：框架式构图
主体：喷泉
陪体：人物
环境：喷泉围栏（中景）、水泥栏杆
　　　与人物（背景）

图 8-11 中视频构图解析示例

下面笔者总结了一些热门的中视频构图形式，大家在拍摄时可以参考运用。

1）中心构图法

方式：将主体对象置于画面中央，作为视觉焦点。

优点：主体非常突出、明确，同时画面效果更加平衡。

2）对称构图法

方式：画面中的元素按照对称轴形成上下或左右对称关系。

优点：能够产生稳定、安逸及平衡的视觉感受。

3）九宫格构图法

方式：用4条线将画面切割为九等份，主体放在线条交点上。

优点：这些交点通常就是观众最为关注的地方。

4）对角线构图法

方式：主体沿画面对角线方向排列，或者位于对角线上。

优点：让画面更加饱满，以及带来强烈的动感或不稳定性。

5）水平线构图法

方式：以海平面、草原、地平线等水平线条进行取景。

优点：给观众带来辽阔、宽广、稳定、和谐的视觉感受。

TIPS 070 镜头角度：让运镜得心应手

在使用运镜手法拍摄中视频前，运营者首先要掌握各种镜头角度，如平角、斜角、仰角和俯角等，熟悉角度后能够让你在运镜时更加得心应手。

（1）平角：即镜头与拍摄主体保持水平方向的一致，镜头光轴与对象（中心点）齐高，能够更客观地展现拍摄对象的原貌，如图8-12所示。

（2）斜角：在拍摄时将镜头倾斜一定的角度，从而产生一定透视变形的画面失调感，

图 8-12　平角镜头画面

能够让视频画面显得更加立体,如图8-13所示。

图 8-13 斜角镜头画面

(3)仰角:采用仰视的拍摄角度,让拍摄对象显得高大,如图8-14所示。

图 8-14 仰角镜头画面

(4)俯角:采用高角度俯视的拍摄角度,可以让拍摄对象看上去更加弱小,适合拍摄美食、花卉、人物等中视频题材,能够充分展示主体的细节,如图8-15所示。俯拍构图因其角度的不同,又可以分为30度俯拍、45度俯拍、60度俯拍、90度俯拍,俯拍的角度不一样,拍摄出来的视频带来的感受也是有很大的区别的。

图 8-15 俯角镜头画面

镜头景别：丰富中视频内容

镜头景别是指镜头与拍摄对象的距离，通常包括特写、近景、中景、全景和远景等几大类型。下面以人物中视频拍摄为例，介绍镜头景别的拍摄技巧。

1. 特写

特定着重刻画人物的眼睛、嘴巴、手部等细节之处，如图8-16所示。很多热门Vlog类中视频都是以剧情创作为主，而特写镜头就是一种推动剧情更好地发展的拍摄方式。

图8-16 特写镜头画面（下图）

2. 近景

近景是指拍摄人物胸部到头部的位置，可以更好地展现人物面部的情绪，包括表情和神态等细微动作，如低头微笑、仰天痛哭、眉头微皱、惊愕诧异等，从而渲染出中视频的情感氛围，如图8-17所示。

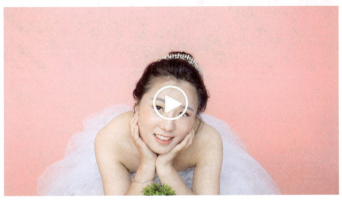

图 8-17 近景镜头画面

3. 中景

中景从人物的膝盖部分向上至头顶,不但可以充分展现人物的面部表情,同时还可以兼顾人物的手部动作,如图8-18所示。

图 8-18 中景镜头画面

4. 远景

远景能够将人物的整体身体完全拍摄出来，包括手部和脚部的肢体动作，还可以用来表现多个人物的关系，如图8-19所示。

图 8-19 远景镜头画面

TIPS 072 运镜手法：拍出大片质感

在拍摄视频时，运营者同样需要在镜头的角度、景别及运动方式等方面下功夫，掌握这些Vlog"大神"们常用的运镜手法（下文笔者以摇移运镜和横移运镜为例），能够更好地突出视频的主体和主题，让观众的视线集中在你要表达的对象上，同时让中视频作品更加生动，更有画面感。

1. 摇移运镜

摇移运镜是指保持机位不变，朝着不同的方向转动镜头。摇移运镜的镜头运动方向可分为左右摇动、上下摇动、斜方向摇动、旋转摇动4种方式，如图8-20所示。摇移运镜就像是一个人站着不动，然后转动头部或身体，用眼睛向四周

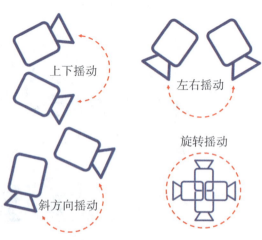

图 8-20 摇移运镜的操作方法

观看身边的环境。

摇移运镜通过灵活变动拍摄角度,能够充分展示主体所处的环境特征,可以让观众在观看中视频时产生身临其境的视觉体验感。

2. 横移运镜

横移运镜是指拍摄时镜头按照一定的水平方向移动,如图8-21所示。横移运镜通常用于拍摄中视频情节,如人物在沿直线方向走动时,镜头也跟着横向移动,更好地展现出空间关系,而且能够扩大画面的空间感。

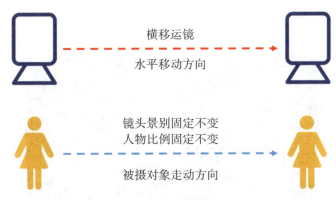

图 8-21 横移运镜的操作方法

在使用横移运镜拍摄中视频时,运营者可以借助摄影滑轨设备,来保持手机或相机的镜头在移动拍摄过程中的稳定性,如图8-22所示。

图 8-22 摄影滑轨设备

移动变焦：制造视觉冲击力

移动变焦就是我们常说的希区柯克变焦，也被称为运动变焦，是运用在电影拍摄中的一种常见镜头形式。这种拍摄技术是在1958年希区柯克导演的一部电影中实现的，所以，移动变焦又称希区柯克变焦。

希区柯克的拍摄原理，就是利用了视角透视原理，如被摄主体的大小和位置不动，但背景中的元素都在不断后退，也可以进行反向操作，营造出动态效果，如图8-23所示。

中视频人物在画面中的大小始终保持不变

随着镜头的移动，背景元素不断向后推移，越来越小

图 8-23　希区柯克变焦原理说明

移动变焦运镜拍摄方式经常在一些恐怖、惊悚、悬疑的电影画面中出现，这样拍摄出来的效果很有视觉冲击力。

 拍摄对象：选择最合适的

拍摄对象大致可以分为人物、动物、城市、自然景物等类别，下面进行具体介绍。

1. 人物拍摄

人物是最常见的拍摄对象，真人出境的中视频作品，不仅可以更加吸引观众眼球，而且使账号显得更加真实。可现实中，很多人非常胆怯，认为自己长得丑、声音不好听，他们想要拍好拍视频，但又不敢露面，心理非常矛盾。

从拍摄角度来说，真人出镜的视频，会带来很强的代入感，从而更加吸引人。在拍摄真人出镜的视频时，如果单靠自己的手端举手机进行视频拍摄，很难达到更好的视觉效果，此时运营者可以利用各种脚架和稳定器等工具。

使用稳定器拍摄，可以让人物中视频的画面更加平稳流畅，即使人物处在运动过程中，也能让画面始终保持鲜活生动，如图8-24所示。手机是否稳定，能够很很大程度上决定视频拍摄画面的稳定程度，如果手机不稳，就会导致拍摄出来的视频也跟着摇晃，视频画面也会十分模糊。

图 8-24　拍摄运动的人物视频画面

在拍摄中视频时，运营者最好不要将人物对象放在画面正中央，这样会显得很呆板，可以将人物置于画面的九宫格交点、三分线或者斜线等位置，这样能够突出主体对象，让观众快速找到视频中的视觉中心点，如图8-25所示。

图 8-25　突出视频中的人物主体

同时，人物所处的拍摄环境也相当重要，必须与中视频的主题相符合，而且场景尽量要干净整洁。因此，拍摄者要尽量寻找合适的场景，不同的场景可以营造出不同的视觉感觉，通常是越简约越好。

2. 动物拍摄

成功的动物视频作品基本上都是展现动物最精彩有趣的瞬间画面，因此，运营者如果想去拍摄野生动物的中视频，最好先调整好手机相机，随时准备抓拍稍纵即逝的精彩瞬间。

拍摄动物最好准备一个手机长焦镜头，并且用三脚架来固定手机，弥补手机变焦能力差的缺陷，同时让焦点更加清晰，如图8-26所示。通过长焦镜头，运营者可以将画面拉近来抓拍这些动物安静时的模样，捕捉其面部表现。

图8-26 使用手机长焦镜头拍摄动物中视频

当然，要想拍出漂亮、生动的动物中视频，一定要了解动物的习性，以免照片变模糊。要拍好动物视频，首先要学会展现动物的情感，它们的眼睛就是流露情感的最佳点，在拍摄可以将手机的焦点对准动物的眼睛，并将背景和前景的杂物进行虚化处理，如图8-27所示。

图8-27 将动物的眼睛作为画面的焦点

3. 城市拍摄

大部分运营者都是生活在城市，那么运营者的拍摄就可以从身边的生活场景入手，拍摄城市中的万千气象。城市中看到的建筑、行人和各种事物都是不错的拍摄题材，无论是什么场景和事物，只要用心观察，任何东西都是具有故事性的，拍摄城市中的风光就是要从平凡中发现不平凡的美。

其中，运营者可以另辟蹊径，从不同的角度寻找好的图形和线条，在视频画面中展现建筑之美，如图8-28所示。

图 8-28　拍摄时寻找建筑中的线条和图形

4. 自然景物拍摄

自然景物包括山水、树木和花卉等，笔者此处以花卉为例进行介绍。运营者在拍摄花卉Vlog视频时，常使用近拍特写的构图方式来获得主体突出的中视频画面效果，如图8-29所示。

图 8-29　近景拍摄花卉中视频画面效果

在拍摄花卉中视频题材时，运营者也可以选择一些合适的前景或背景来装饰画面，如人像、昆虫、鸟类等，这样能够更好地表达中视频的主题。例如，花卉人像是很多中视频运营者经常拍摄的题材，如果能将人像与花卉的搭配处理得恰到好处，往往能起到相得益彰的作用，如图8-30所示。

图 8-30 拍摄花卉与人物结合的中视频画面效果

此外，在拍摄花卉人像中视频时，运营者需要注意取景选择、人物的服饰穿着、拍摄角度、光线运用、摆姿、器材的选择及参数的设置等，让花与人像在中视频中实现完美的结合。

第9章

后期制作：
让作品从普通变为惊艳

如今，视频剪辑工具越来越多，功能也越来越强大。本章将介绍中视频后期处理的常用操作方法，其中涉及的工具是剪映App，它是一款功能非常全面的手机剪辑工具，能让运营者轻松在手机上完成中视频剪辑。

基本操作：剪辑处理方法

下面介绍使用剪映App对中视频进行剪辑处理的操作方法。

步骤01 在剪映App中导入一个视频素材，点击左下角的"剪辑"按钮，如图9-1所示。

步骤02 执行操作后，进入视频剪辑界面，如图9-2所示。

步骤03 移动时间轴至两个片段的相交处，点击"分割"按钮，即可分割视频，如图9-3所示。

步骤04 点击"变速"按钮，可以调整视频的播放速度，如图9-4所示。

图9-1 点击"剪辑"按钮

图9-2 进入视频剪辑界面

图9-3 分割视频

图9-4 变速处理界面

步骤 05 移动时间轴，❶选择视频片尾；❷点击"删除"按钮，如图9-5所示。

步骤 06 执行操作后，即可删除片尾，如图9-6所示。

图 9-5　点击"删除"按钮　　　　图 9-6　删除片尾

步骤 07 在剪辑界面点击"编辑"按钮，可以对视频进行旋转、镜像、裁剪等编辑处理，如图9-7所示。

步骤 08 在剪辑界面点击"复制"按钮，可以快速复制选择的视频片段，如图9-8所示。

图 9-7　视频编辑功能　　图 9-8　复制选择的视频片段

步骤09 在剪辑界面点击"倒放"按钮,系统会对所选择的视频片段进行倒放处理,并显示处理进度,如图9-9所示。

步骤10 稍等片刻,即可倒放所选视频,如图9-10所示。

图 9-9　显示倒放处理进度　　　　　图 9-10　倒放所选视频

步骤11 在剪辑界面点击"定格"按钮,如图9-11所示。

步骤12 使用双指放大时间轴中的画面片段,即可延长该片段的持续时间,实现定格效果,如图9-12所示。

图 9-11　操作提示　　　　　　　　图 9-12　实现定格效果

第9章 后期制作：让作品从普通变为惊艳

画中画：显示多个画面

"画中画"效果是指在同一个视频中同时显示多个视频的画面，下面介绍具体的制作方法。

步骤01 在剪映App中导入一个视频素材，点击底部的"画中画"按钮，如图9-13所示。

步骤02 进入"画中画"编辑界面，点击"新增画中画"按钮，如图9-14所示。

步骤03 进入手机视频库，❶选择第2个视频；❷点击"添加到项目"按钮，如图9-15所示。

步骤04 执行操作后，即可导入第2个视频，如图9-16所示。

图9-13 点击"画中画"按钮

图9-14 点击"新增画中画"按钮

图9-15 点击"添加到项目"按钮

图9-16 导入第2个视频

步骤05 返回主界面，点击底部的"比例"按钮，如图9-17所示。

步骤06 在比例菜单中选择9∶16选项,调整屏幕比例,如图9-18所示。

图9-17 点击"比例"按钮

图9-18 选择9∶16选项

步骤07 返回"画中画"编辑界面,选择第2个视频,在视频预览区中放大画面,并适当调整其位置,如图9-19所示。

步骤08 点击"新增画中画"按钮,进入手机视频库,❶选择第3个视频;❷点击"添加到项目"按钮,如图9-20所示。

图9-19 调整视频的大小和位置

图9-20 添加第3个视频

步骤09 添加第3个视频,并适当调整其大小和位置,如图9-21所示。

步骤10 在视频结尾处删除片尾,并删除多余的视频画面,将3个视频片段的长度调成一致,如图9-22所示。

图 9-21 添加并调整视频

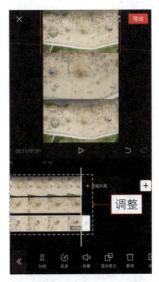
图 9-22 调整视频长度

酷炫特效:提升视频趣味性

下面介绍使用剪映App为中视频添加特效的操作方法。

步骤01 在剪映App中导入一个视频素材,点击底部的"特效"按钮,如图9-23所示。

步骤02 进入特效编辑界面,在"基础"特效列表框中选择"开幕"效果,如图9-24所示。

步骤03 进入"画面特效"界面,并添加"开幕"特效,如图9-25所示。

步骤04 选择"开幕"特效,拖曳其时间轴右侧的白色滑块,调整特效的持续时间,如图9-26所示。

图 9-23 点击"特效"按钮　　　图 9-24 选择"开幕"效果

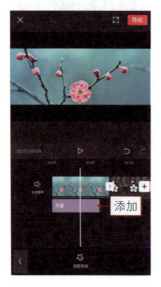

图 9-25 添加"开幕"特效　　　图 9-26 调整特效的持续时间

步骤 05 ❶拖曳时间轴至"开幕"特效的结束位置处；❷点击"画面特效"按钮，如图 9-27 所示。

步骤 06 在"梦幻"特效列表框中选择"蝴蝶Ⅱ"效果，如图 9-28 所示。

步骤 07 执行操作后，即可添加"蝴蝶Ⅱ"特效，如图 9-29 所示。

| 拍摄制作篇
第 9 章 后期制作：让作品从普通变为惊艳

图 9-27 点击"画面特效"按钮

图 9-28 选择"蝴蝶Ⅱ"效果

步骤 08 ❶拖曳时间轴至"蝴蝶Ⅱ"特效的结束位置处；❷点击"画面特效"按钮，如图 9-30 所示。

图 9-29 添加"蝴蝶Ⅱ"特效

图 9-30 点击"画面特效"按钮

步骤 09 在"基础"特效列表框中选择"闭幕"效果，如图 9-31 所示。

步骤 10 执行操作后，即可在中视频的结尾处添加一个"闭幕"特效，如图 9-32 所示。

图 9-31 选择"闭幕"效果

图 9-32 添加"闭幕"特效

滤镜效果：提升中视频质感

TIPS 078

下面介绍使用剪映 App 为中视频添加滤镜效果的操作方法。

步骤 01 在剪映 App 中导入一个视频素材，点击底部的"滤镜"按钮，如图 9-33 所示。

步骤 02 进入滤镜编辑界面，点击"新增滤镜"按钮，如图 9-34 所示。

图 9-33 点击"滤镜"按钮　图 9-34 点击"新增滤镜"按钮

拍摄制作篇
第 9 章 后期制作：让作品从普通变为惊艳

步骤 03 调出滤镜菜单，根据视频场景选择合适的滤镜效果，如图9-35所示。

步骤 04 选中滤镜时间轴，拖曳右侧的白色滑块，调整滤镜的持续时间与视频一致，如图9-36所示。

图 9-35 选择合适的滤镜效果

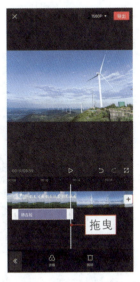
图 9-36 调整滤镜的持续时间

步骤 05 点击底部的"滤镜"按钮，调出滤镜菜单，再次点击所选择的滤镜效果，拖曳圆圈滑块，适当调整滤镜程度，如图9-37所示。

步骤 06 点击"导出"按钮，导出视频，预览视频效果，如图9-38所示。

图 9-37 调整滤镜程度

图 9-38 预览视频效果

动画效果：提升视频流畅性

下面介绍使用剪映为中视频添加动画效果的操作方法。

步骤01 在剪映 App 中导入多段视频素材，选择相应的视频片段，❶ 点击底部的"剪辑"按钮；❷ 等底部工具栏刷新后，再点击"动画"按钮，如图 9-39 所示。

步骤02 调出动画菜单，❶ 在其中选择"降落旋转"动画效果；❷ 根据需要拖曳时间轴，适当调整动画时长，如图 9-40 所示。

图 9-39 点击动画按钮

图 9-40 调整"降落旋转"动画效果

步骤 03 在第2段视频中❶选择"抖入放大"动画效果;❷在第3段视频中选择"向右甩入"动画效果,如图9-41所示。

图9-41 添加"抖入放大"和"向右甩入"动画效果

步骤 04 视频操作完成后,即可导出中视频,并可在剪映中预览视频效果,如果对成品不满意,还可以实时修改,如图9-42所示。

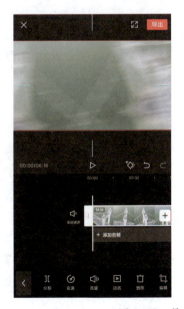

图9-42 导出并预览视频

声音处理：打造视听盛宴

背景音乐（Background music，BGM）是拍摄中视频不可缺少的一步，下面介绍在剪映中添加BGM的方法。

1. 录制语音旁白

下面介绍使用剪映App录制语音旁白的操作方法。

步骤 01 在剪映App中导入素材，❶点击"关闭原声"按钮；❷然后点击"添加音频"按钮，如图9-43所示。

步骤 02 操作完成后，进入编辑界面，点击"录音"按钮，如图9-44所示。

步骤 03 进入录音界面，按住红色的录音键不放，即可开始录制语音旁白，如图9-45所示。

步骤 04 录制完成后，松开录音键即可，自动生成音频图层，如图9-46所示。

图9-43 点击"关闭原声"按钮

图9-44 点击"录音"按钮

图9-45 开始录音

图9-46 完成录音

2. 导入本地音频

下面介绍使用剪映App导入本地音频的操作方法。

步骤01 在剪映App中导入素材，❶点击"关闭原声"按钮；❷然后点击"添加音频"按钮，如图9-47所示。

步骤02 操作完成后，进入编辑界面，点击"音乐"按钮，如图9-48所示。

步骤03 进入"添加音乐"界面，切换至"导入音乐"选项卡，❶点击"本地音乐"按钮；❷在列表框中点击相应音频素材右侧的"使用"按钮，如图9-49所示。

步骤04 执行操作后，即可添加本地背景音乐，如图9-50所示。

图9-47　点击"关闭原声"按钮　　图9-48　点击"音乐"按钮

图9-49　选择本地音频　　图9-50　添加本地背景音乐

3. 裁剪与分割背景音乐素材

下面介绍使用剪映App裁剪与分割背景音乐素材的操作方法。

步骤01 以上一例效果为例，向右拖曳音频图层前的白色滑块，即可裁剪音频，如图9-51所示。

步骤02 按住音频图层向左拖曳至视频的起始位置处，完成音频的裁剪操作，如图9-52所示。

步骤03 ❶拖曳时间轴，将其移至某分割点上；❷选择音频轨道；❸点击"分割"按钮，即可分割音频，如图9-53所示。

图9-51 拖曳剪裁视频　　图9-52 完成剪裁操作

步骤04 选择第2段音频，点击"删除"按钮，删除多余音频，如图9-54所示。

图9-53 分割音频　　　　图9-54 删除多余的音频

4. 消除中视频中的噪音

如果录音环境比较嘈杂，可以使用剪映App来消除中视频中的噪音。

|拍摄制作篇|
第 9 章　后期制作：让作品从普通变为惊艳

步骤 01　在剪映App中导入素材，点击底部的"降噪"按钮，如图9-55所示。
步骤 02　执行操作后，弹出"降噪"菜单，如图9-56所示。

图 9-55　点击底部的"降噪"按钮

图 9-56　弹出"降噪"菜单

步骤 03　打开"降噪"开关，系统会自动进行降噪处理，并显示处理进度，如图9-57所示。

步骤 04　处理完成后自动播放视频，点击✓按钮确认即可，如图9-58所示。

图 9-57　进行降噪处理

图 9-58　自动播放视频

165

5. 加入音声特效

在处理中视频的音频素材时,运营者可以给其增加一些变速或者变声的特效。

步骤01 在剪映 App 中导入视频素材,并录制一段声音,选择录音文件,并点击底部的"变声"按钮,如图 9-59 所示。

步骤02 执行操作后,弹出"变声"菜单,❶用户可以在其中选择合适的变声效果,如大叔、萝莉、女生、男生等;❷点击✓按钮确认即可,如图 9-60 所示。

步骤03 选择录音文件后,依次点击底部的"变速"|"常规变速"按钮,弹出相应菜单,❶拖曳红色圆环滑块即可调整声音变速参数;选择合适的变速倍数,❷点击✓按钮,如图 9-61 所示。

步骤04 操作完成后,可以看到经过变速处理后的录音文件的持续时间明显变短了,同时还会显示变速倍数,如图 9-62 所示。

剪映 App 中提供了很多有趣的音频特效,运营者可以根据中视频的情境

图 9-59 点击底部的"变声"按钮

图 9-60 选择合适的变声效果

图 9-61 点击底部的"变速"按钮

图 9-62 选择合适的变速倍数

来增加音效,如综艺、笑声、机械、BGM、人声、转场、魔法、打斗、美食、动物、环境音和手机等,如图9-63所示。

图 9-63　剪映 App 中的音效

例如,在展现东江湖堤岸树木的视频中,可以点击"环境音"栏目下"树枝摆动声"音效右侧的"使用"按钮,如图9-64所示。

图 9-64　添加"树枝摆动声"音效

167

添加字幕：辅助用户理解

运营者可以使用剪映App给自己拍摄的中视频添加合适的文字内容，下面介绍具体的操作方法。

步骤01 打开该视频素材，并点击底部的"文字"按钮，如图9-65所示。

步骤02 进入文本编辑界面，点击弹出输入法键盘，如图9-66所示。

步骤03 ❶在文本框中输入符合中视频主题的文字内容；❷点击✓按钮确认，即可添加文字，如图9-67所示。

步骤04 在预览区中按住文字素材并拖曳，即可调整文字的位置，如图9-68所示。

图9-65 点击"文字"按钮　　图9-66 进入文本编辑界面

图9-67 输入文字

图9-68 调整文字的位置

拍摄制作篇
第 9 章 后期制作：让作品从普通变为惊艳

活用技巧 1："灵魂出窍"特效

下面介绍使用剪映制作"灵魂出窍"画面特效的操作方法。

步骤 01 在剪映 App 中导入一个视频素材，❶ 点击"画中画"按钮，进入其编辑界面；❷ 随后点击"新增画中画"按钮，如图 9-69 所示。

步骤 02 再次导入相同场景和机位的视频素材，注意两个视频中的人物不要站在一起，如第一个视频中的人物站着不动，第 2 个视频中的人物向前方跑动。将视频放大，使其铺满整个屏幕，并点击底部的"不透明度"按钮，如图 9-70 所示。

图 9-69 新增画中画

图 9-70 不透明度设置

169

步骤03 ❶拖曳滑块,将"不透明度"选项的参数调整为35;确认无误后,❷点击右下角的"√"按钮,即可合成两个视频画面,并形成"灵魂出窍"的效果,如图9-71所示。

图9-71 合成两个视频画面

活用技巧2:"逆世界"特效

TIPS 083

下面介绍使用剪映制作"逆世界"镜像特效的操作方法。

步骤01 在剪映App中导入一个视频素材,❶选择相应的视频片段,进入视频片段的剪辑界面;❷向下拖曳视频,调整其位置,如图9-72所示。

图9-72 选择相应视频,调整位置

步骤 02 再次导入相同的视频素材,将视频放大至全屏,并点击底部的"编辑"按钮,如图 9-73 所示。

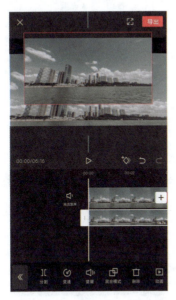

图 9-73 导入相同的视频素材进行编辑

步骤 03 进入编辑界面,❶点击两次"旋转"按钮,旋转视频;❷然后点击"镜像"按钮,水平翻转视频画面,如图 9-74 所示。

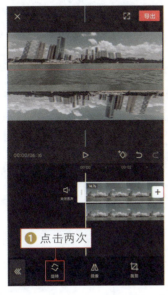

图 9-74 水平翻转视频画面

步骤 04 对视频画面进行适当裁剪，确认编辑操作后并对两个视频的位置进行适当调整，完成"逆世界"镜像特效的制作，如图9-75所示。

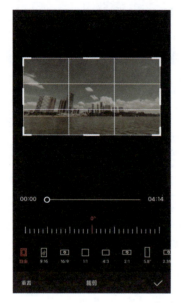 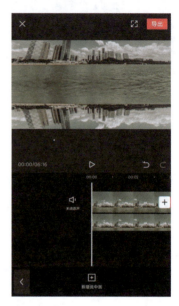

图 9-75　制作镜像视频特效

文案编写篇

第10章
标题撰写：
轻松打造高播放量视频

　　许多用户在看中视频时，首先注意到的可能就是它的标题。因此，一个中视频标题的好坏，将对它的相关数据有很大的影响。

　　那么如何更好地撰写中视频标题呢？笔者认为中视频标题表情达意应该简单精准，且能突出重点。

视频标题：掌握制作要点

标题是中视频的重要组成部分，要做好中视频文案，就要重点关注视频标题。视频标题创作必须掌握一定的技巧和写作标准，只有对标题撰写必备的要素进行熟练掌握，运营者才能更好更快地撰写出好标题。接下来，笔者主要介绍中视频标题制作的要点。

1. 不做标题党

标题是中视频内容的"窗户"，用户如果能从这扇"窗户"中管窥该视频的大致内容，就说明此视频标题是合格的。换句话说，就是视频标题要体现出其主题。

虽说视频标题的作用是吸引用户，但若用户被某一视频标题吸引，点击查看时却发现文不对题，就会降低用户对运营者的信任感，导致中视频的点赞和转发量被拉低。因此，运营者在撰写中视频标题时，一定要切合主题。例如，西瓜视频某运营者的中视频标题永远都紧扣美食主题，如图10-1所示。

图 10-1 紧扣主题的中视频标题案例

2. 突出标题重点

一个视频标题的好坏直接决定了中视频点击量和完播率的高低，所以，运营者在撰写中视频标题时，一定要突出重点，语言简洁明了，标题字数不要太多，最好能朗朗上口。这样才能让用户在短时间内就能明白运营者表达的意图，从而可以引导他们点击查看中视频内容。

在撰写中视频标题时，语言通俗易懂即可，切忌标题成分过于复杂。用户在看到简短的标题时，不仅会有舒适的视觉感受，而且阅读也更为方便。

图10-2所示为西瓜视频上某中视频标题,虽然只有寥寥数字,但用户却能从中看出中视频的主要内容,这样的中视频标题就很好。

图10-2 简短标题

3. 善用吸睛词汇

标题在视频中起着十分重要的作用。标题展示着一个视频的大意或者主旨,甚至它还是对故事背景的诠释,所以一个中视频数据的高低,与它的标题有着密不可分的关系。

中视频标题要想吸引受众,就必须有点睛之处。给中视频标题"点睛"是有技巧的,运营者在撰写标题时,可以尝试加入一些能够吸引受众眼球的词汇,如"惊现""福利""秘诀""震惊"等。这些"点睛"词汇,能够让用户乍看之下产生好奇心,如图10-3所示。

图10-3 利用"点睛"词汇的标题案例

快速了解：标题创作原则

评判一个中视频标题的好坏，不仅要看它是否有吸引力，还需要参照其他一些原则。在遵循这些原则的基础上撰写中视频标题，能让运营者的中视频更容易上热门。这些原则大致有3个，具体分析如下。

1. 换位原则

运营者在拟定中视频标题时，不能只站在自己的角度去思考要表现什么内容，而要站在用户的角度去思考。也就是说，运营者应该将自己当成用户，扪心自问："我会用什么搜索词进行搜索某问题的答案？"这样创作出来的中视频标题会更接近用户心理。

因此，运营者在拟写中视频标题前，可以先在西瓜视频和B站等平台搜索关键词，然后筛选出排名靠前或播放量较大的中视频，再找出它们标题的写作规律，最后将这些规律灵活运用于自己要撰写的中视频标题中。

2. 新颖原则

运营者如果想要让自己的中视频标题形式变得新颖，可以采用多种方法，笔者在这里介绍几种比较实用的标题形式。

（1）中视频标题写作要尽量使用问句，这样比较能引起人们的好奇心，例如，"谁来'拯救'缺失的牙齿？"这样的中视频标题会更容易吸引用户。

（2）中视频标题要尽量写得详细，这样才会有吸引力。

（3）运营者要尽量将利益写出来，无论是查看这个中视频后所带来的利益，或者是中视频涉及的产品或服务所带来的利益，都应该在标题中直接体现，从而增加标题对用户的吸引力。

3. 关键词组合原则

通过观察，笔者发现能获得高流量的中视频标题，都是拥有多个关键词，并且是多个关键字组合之后的词语，这是因为只有单个关键词的中视频标题的排名影响力远不如多个关键词的中视频标题。

例如，如果仅在标题中嵌入"面膜"这一个关键词，那么用户在搜索时，只有搜索到"面膜"这一个关键字，中视频才会被搜索出来，而标题上如果含有"面膜""变美""年轻"等多个关键词，则用户在搜索其中任意关键字的时候，中视频都会被搜索出来，标题"露脸"的机会也就更多了。

利用词根：增加曝光量

笔者在前面介绍创作中视频标题应该遵守的原则时，曾提及写标题要遵守关键词组合原则，这样才能让中视频凭借更多的关键词增加曝光率，让运营者的中视频出现在更多用户面前。下面介绍如何在中视频标题中运用关键词。

运营者在确定视频标题时，需要充分考虑怎样去吸引目标用户。要实现这一目标，需要从关键词着手，在标题中运用关键词，考虑关键词是否含有词根。

词根指的是词语的基本组成部分，只要有词根就可以组成不同的词。运营者在标题中加入有词根的关键词，才能将中视频的搜索度提高。例如，一个标题为"十分钟教你快速学会手机摄影"的中视频，"手机摄影"就是关键词，"摄影"就是词根。

对于运营者而言，根据词根可以写出很多与摄影相关的标题；对于用户而言，他们一般会根据词根去搜索视频，只要视频标题中包含了该词根，那么中视频就更容易被用户搜索到。

好的标题：凸显视频主旨

俗话说："题好一半文。"它的意思就是说，一个好的标题就等于一半的文案内容。衡量一个标题好坏的方法有很多，而标题是否体现中视频的主旨就是衡量标题好坏的一个主要参考依据。

如果一个标题不能做到在用户看见它的第一眼就明白它想要表达的内容，并由此得出该中视频是否具有点击查看的价值，那么用户在很大程度上就会放弃查看这个中视频。那么，中视频标题是否体现视频主旨将会造成什么样的结果呢？具体分析如图10-4所示。

经过分析，大家可以直观地看出，中视频标题是否体现视频主旨会直接影响视频的营销效果。所以，运营者要想让自己的中视频上热门，在创作中视频标题时，一定要多注意中视频标题是否体现了其主旨。

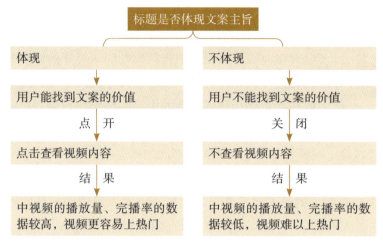

图 10-4　标题是否体现文案主旨将造成的结果分析

标题类型 1：体现视频价值

福利发送型标题、价值传达型标题和励志鼓舞型的共同点是都是直接在标题中体现中视频内容的价值。下面对这3种标题类型进行具体分析。

1. 福利发送型标题

福利发送型标题是指在中视频标题上带有与"福利"相关的关键字，向用户传递一种"这个中视频就是来送福利的"的感觉，让用户自然而然地想要看完这个视频。具体来说，发送福利型标题准确把握了用户贪图利益的心理需求，让用户一看到与"福利"的相关字眼就会忍不住想要了解视频内容。

福利发送型标题的表达方法有两种，一种是直接型，另一种是间接型，虽然具体方式不同，但是效果都相差无几，如图10-5所示。

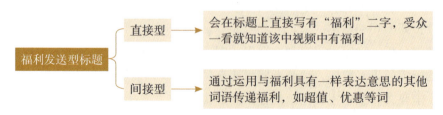

图 10-5　福利发送型标题的表达方法

值得注意的是，在撰写福利发送型标题时，无论是直接型还是间接型，都应该掌握3点技巧，如图10-6所示。

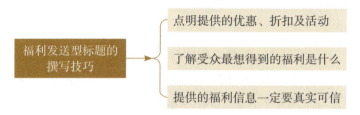

图10-6 福利发送型标题的撰写技巧

福利发送型标题有直接福利型和间接福利型两种不同的表达方式，不同的标题案例有不同的特色。这两种福利型标题的具体案例如图10-7和图10-8所示。

图10-7 直接福利型标题　　　　　　图10-8 间接福利型标题

这两种类型的福利发送型标题虽然稍有区别，但本质上都是通过"福利"来吸引受众的眼球，从而提升视频的点击率。福利发送型标题通常会给用户带来一种惊喜之感，试想，如果中视频标题或明或暗地指出含有福利，你难道不会心动吗？

福利发送型标题既可以吸引用户的注意力，又可以为用户带来实际的利益，可谓是一举两得。当然，运营者在撰写福利发送型标题时也要注意，不要因为侧重福利而偏离了主题，而且最好不要使用太长的标题，以免影响视频的传播效果。

2. 价值传达型标题

价值传达型标题是指向用户传递一种只要查看了视频之后就可以掌握某些技巧或者知识的信心。

这种类型的标题之所以能够引起用户的注意，是因为抓住了人们想要从中视频中获取实际利益的心理。许多用户都是带着一定的目的浏览西瓜视频或B站的，他们要么是希望视频中含有福利，如优惠、折扣；要么是希望能够从中视频中学到一些有用的知识。因此，价值传达型标题的魅力是不可阻挡的。

在打造价值传达型标题的过程中，运营者往往会遇到一些问题，如"什么样的技巧才算有价值？""价值型的标题应该具备哪些要素？"等。笔者将价值传达型标题经验技巧总结为3点，如图10-9所示。

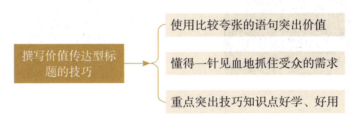

图10-9 撰写价值传达型标题的技巧

值得注意的是，在撰写速成型标题时，运营者最好不要提供虚假的信息，如"一分钟一定能够学会××""3大秘诀包你××"等。价值传达型标题虽然需要运用夸张手法，但要把握好度，要有底线和原则。

价值传达型标题通常会出现在技术类的文案之中，主要是为用户提供实际好用的知识和技巧。图10-10所示为价值传达型标题的典型案例。

用户在看见这种价值传达型标题时，会更加有动力去查看中视频内容，因为这种类型

图10-10 价值传达型标题的案例

的标题会给人一种想要去学习这个技能的冲动。

3. 励志鼓舞型标题

励志鼓舞型标题最为显著的特点就是"现身说法",一般是通过第一人称的方式讲故事,而且故事的内容包罗万象。但成功的励志鼓舞型标题离不开成功的方法、教训或经验等。

如今很多人都想致富,却苦于没有致富的定位,如果此时他们看到励志鼓舞型视频,知道了企业家是怎样打破枷锁,走上人生巅峰的,内心就会受到鼓舞,一扫心中阴霾,对前途充满信心。当他们喜欢观看这类励志鼓舞型标题的内容时,哪怕不点开中视频,也能感受到这种标题结构带来的吸引力。总的来说,励志鼓舞型标题模板主要有两种,如图10-11所示。

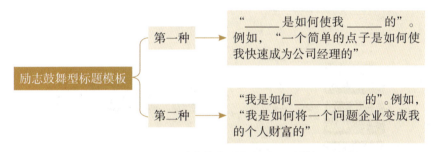

图 10-11 励志鼓舞型标题的两种模板

励志鼓舞型标题的好处在于煽动性强,容易制造一种鼓舞人心的感觉,勾起用户的斗志,从而提升视频的完播率。

那么,运营者打造励志鼓舞型标题是不是单单依靠模板就好了呢?答案是否定的,模板固然可以借鉴,但在实际的操作中,还是要根据不同的内容而研究特定的励志型标题。总的来说,运营者有3种经验技巧可供借鉴,如图10-12所示。

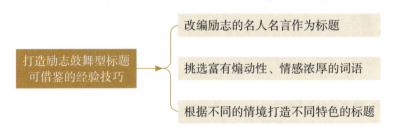

图 10-12 打造励志鼓舞型标题可借鉴的经验技巧

在笔者看来,一个成功的励志型标题,不仅能够引导用户情绪,而且将用户注意力转移到中视频内容上。图10-13所示为励志鼓舞型标题的典型案例展示,都带有较强的励志情感。

励志鼓舞型标题一方面是利用用户想要获得成功的心理,另一方面则是巧妙地掌握了情感共鸣的精髓,通过带有励志色彩的字眼来引起用户的情感共鸣,从而成功吸引他们的眼球。

图 10-13　励志鼓舞型标题

标题类型 2：悬念引人入胜

相比直接揭露中视频价值的标题,设置悬念的中视频标题更能吸引人,它主要有两种形式,分别是揭露解密型标题和悬念制造型标题。

1. 揭露解密型标题

揭露解密型标题是指为用户揭露某件事物不为人知的秘密的一种标题。大部分人都会有好奇心和八卦心理,这种标题则恰好可以抓住用户的这种心理,从而给用户传递一种莫名的兴奋感,充分引起他们的兴趣。

运营者可以利用揭露解密型标题做一个长期的专题,从而达到一段时间内或者长期凝聚用户的目的。而且，这种类型的标题比较容易打造，只需把握3大要点即可，如图10-14所示。

图10-14 打造揭露解密型标题的要点

运营者在撰写揭露解密型标题时，最好在标题之中显示出冲突性和巨大的反差，这样可以有效吸引用户的注意力，使用户认识到中视频内容的重要性，从而愿意主动点击并查看中视频内容。

图10-15所示为揭露解密型的中视频标题，这两个中视频标题都侧重于揭露事实真相，从标题上就做到了先发制人，因此能够有效吸引用户的目光。

图10-15 揭露解密型标题

揭露解密型标题提供了具有价值的信息，能够为用户带来实际的利益。当然，所有的标题形式不一样，但是作用实际上都是一样的，都带有自己的价值和特色，否则无法吸引用户的注意。

2. 悬念制造型标题

悬念制造型标题非常运营者受欢迎，其运用范围广泛，如电视、综艺或电影预告片，都是采取这种悬念型的标题引起观众的兴趣的。利用悬念撰写标题的方法通常有4种，如图10-16所示。

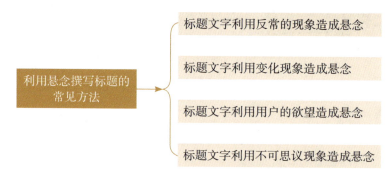

图10-16 利用悬念撰写标题的常见方法

好奇是人的天性，悬念制造型标题就是利用人的好奇心来进行打造中视频标题。可以这么说，标题中的悬念是一个诱饵，只是用来引导用户查看中视频内容，因为大部分人看到标题里有没被解答的疑问和悬念，就会忍不住进一步弄清楚到底怎么回事，这就是悬念型标题的套路。

悬念制造型标题的主要目的是增加中视频的可看性，因此，运营者需要注意的一点是，使用这种类型的标题，一定要确保中视频内容确实是能够让用户感到惊奇，充满悬念。不然就会引起用户的失望与不满，继而就会让用户对你的内容乃至账号感到失望。

悬念制造型标题是运营者青睐有加的标题形式之一，它的效果也是有目共睹的。如果不知道怎么取标题，悬念制造型标题是一个很不错的选择。

悬疑制造型标题如果只是为了悬疑，这样一般只能够博取大众1～3次的眼球，其效果很难持续很长时间。如果中视频内容太无趣，无法达到引流的目的，那么这个中视频就是一个失败的视频。因此，运营者在设置悬疑时，需要非常慎重，最好是有较强的逻辑性，切忌为了标题"走钢索"，忽略了视频营销的目的和中视频质量。

悬念制造型标题是运用得比较频繁的一种标题形式，很多中视频都会采用这一标题形式来引起用户的注意力，从而达到较为理想的营销效果和传播效果。图10-17所示为悬念制造型标题的典型案例。

文案编写篇
第 10 章　标题撰写：轻松打造高播放量视频

图 10-17　悬念制造型标题的案例

 ## 标题类型 3：产生情感共鸣

产生情感共鸣的标题类型大概有两种，其一是警醒提示型标题，其二是紧急迫切型标题。

1. 警醒提示型标题

警醒提示型标题一般通过引人深思的内容、严肃的语调及强烈的心理暗示，从而让用户留下深刻印象。警醒提示型标题是一种有力量且严肃的标题，也就是通过标题给人以警醒作用，从而引起用户的高度注意，运营者通常会将3种内容移植到警醒提示型标题中，如图10-18所示。

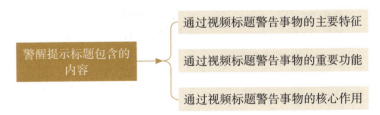

图 10-18　警醒提示型标题包含的内容

185

那么警醒提示型标题应该如何构思和打造呢？很多人只知道警告受众型标题容易夺人眼球，但具体如何撰写却是一头雾水。笔者在这里想分享3点技巧，如图10-19所示。

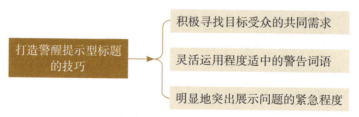

图 10-19　打造警醒提示型标题的技巧

在运用警醒提示型标题时，需要注意运用的中视频是否恰当，因为并不是每一个中视频都可以使用这种类型的标题。

这种标题形式如果运用得恰当，能为中视频加分，起到其他标题无法替代的作用。如果运用不当的话，很容易让用户产生反感情绪或引起不必要的麻烦。因此，运营者在使用警醒提示型标题的时候要谨慎小心，注意用词是否恰当，绝对不能不顾内容胡乱编造标题。

警醒提示型标题可以应用的场景很多，无论是技巧类的中视频内容，还是供大众娱乐消遣的娱乐八卦新闻，都可以用这一类型的标题形式。图10-20所示为

图 10-20　警醒提示型标题

运用警醒提示型标题的案例。第一个视频中的"注意"是关键词,让中视频用户一眼就锁定,从而对中视频内容产生兴趣;第二个视频中的"警惕",既起到了警醒提示型的作用,又吸引了用户的注意力。

选用警醒提示型标题这一标题形式,主要是为了提升关注度,大范围地传播视频。因为警示的方式往往更加醒目,涉及用户的利益。如果这样做可能会让用户的利益受损,那么可能本来不想看的用户,也会点击查看视频内容。其中原因很简单,因为对涉及自身利益的事情用户都是最关心的。

2. 紧急迫切型标题

很多人或多或少都会有一点拖延症,总是需要在他人的催促下才愿意动手做一件事。紧急迫切型标题包含着一层催促用户赶快查看视频的意味,它能给用户传递一种紧迫感。

使用紧急迫切型标题的视频,往往会让用户产生现在不看就会错过什么的感觉,从而立马查看视频。那么这类标题具体应该如何打造呢?笔者将其相关技巧总结为3点,如图10-21所示。

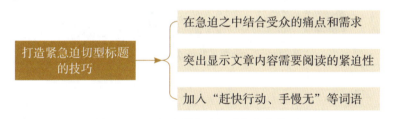

图 10-21 打造紧急迫切型标题的技巧

TIPS 091 标题类型 4:视觉冲击型

不少人认为"力量决定一切",这句话虽带有强烈的主观意识,但还是有一定的道理的。其中,冲击力作为力量范畴中的一员,在中视频标题撰写中有着独有的价值和魅力。所谓"冲击力",即带给人在视觉和心灵上的触动的力量,也是引起用户关注的原因所在。

在创作视觉冲击型标题时,运营者要善于利用"第一次"和"比……还重要"等具有极端特点的词汇——因为用户往往比较关注具有突出特点的事物,认为它们能带来强大的戏剧冲击感和视觉刺激感。

图10-22所示为一些带有冲击感的中视频标题案例。这两个中视频的标题就是利用"第一次"和"比……更重要"这种较极端性的语言，给用户带来了一种视觉上乃至心理上的冲击。

图 10-22　带有视觉冲击的文案标题案例

标题类型 5：独家分享型

独家分享型标题，就是从标题上体现中视频运营者所提供的信息是独有的珍贵资源，让用户觉得该中视频值得点击和转发。

从用户的心理方面而言，独家分享型标题所代表的内容一般会给人一种自己率先获知、别人所没有的感觉，因而在心理上更容易获得满足。在这种情况下，炫耀心理就会驱使用户转发中视频，成为视频潜在的传播源和发散地。

独家分享型标题会给用户带来独一无二的荣誉感，同时还会使中视频内容更具有吸引力。在撰写这样的标题时，运营者应该怎么做呢？是直接点明"独家资源，走过路过不要错过"，还是暗示用户中视频内容与众不同？在这里，笔者提供3点技巧，帮助运营者成功打造出夺人眼球的独家分享型标题，如图10-23所示。

文案编写篇
第 10 章　标题撰写：轻松打造高播放量视频

图 10-23　打造独家分享型标题的技巧

　　使用独家分享型标题的好处在于可以吸引更多用户，让用户觉得中视频内容比较珍贵，从而帮你主动宣传和推广中视频，让视频内容得到广泛的传播。图10-24所示为独家分享型标题的典型案例。

图 10-24　独家分享型标题的案例

　　独家分享型标题往往也暗示着中视频内容的珍贵性，因此运营者需要注意，如果标题使用的是带有独家性质的形式，就必须保证中视频内容是独一无二的，将独家性标题与独家内容相结合。

标题类型 6：数字具化型

　　数字具化型标题是指在标题中呈现出具体的数字，通过数字的形式来概括相关的主题内容。数字不同于一般的文字，它会给用户带来比较深刻的印象，与用户的心灵产生奇妙的碰撞。在中视频中采用数字具化型标题有不少好处，如图10-25所示。

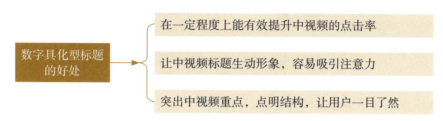

图10-25　数字具化型标题的好处

数字具化型标题很容易打造，它是一种概括性标题，只要做到3点就可以创作出来，如图10-26所示。

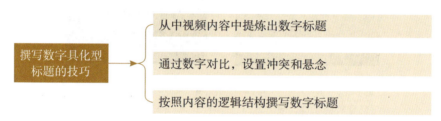

图10-26　撰写数字具化型标题的技巧

此外，数字具化型标题还包括很多不同的类型，如时间、年龄等，具体来说可以分为3种，如图10-27所示。

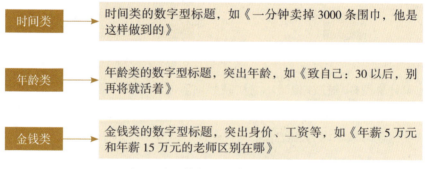

图10-27　数字具化型标题的类型

数字具化型标题比较常见，它通常会采用悬殊的对比、层层递进等方式呈现，目的是营造一个比较新奇的情景，对用户产生视觉和心理上的冲击。事实上，很多内容都可以通过数字具体化，同时运营者还要注意，在打造数字具化型标题时，最好统一数字格式，使内容排版更统一。

标题类型 7：观点表达型

观点表达型标题是以表达观点为核心的一种标题撰写形式，一般会在标题上精准到人，并且把人名镶嵌在标题之中。值得注意的是，这种类型的标题还会在人名的后面紧接对某件事的个人观点或看法。

观点表达型标题比较常见，而且可使用的范围比较广泛，常用公式有5种，如图10-28所示。

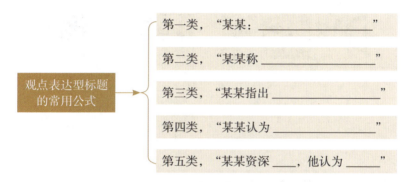

图 10-28　观点表达型标题的常用公式

当然，公式是一个比较刻板的东西，在实际运用时，运营者不可能完全照搬公式，只能说它可以为我们提供大致的方向。同时，在撰写观点传达型标题时，运营者可运用3个技巧，如图10-29所示。

图 10-29　观点表达型标题的撰写技巧

观点表达型标题的好处在于一目了然，"人物+观点"的形式往往能在第一时间引起用户的注意，特别是当人物声名在外时，用户对中视频表达的观点会更容易产生认同感。

图10-30所示为观点表达型标题的案例，可以看到，这两个中视频就是通过标题表达企业家的观点，来吸引用户关注的。

图 10-30 观点表达型标题的案例

标题误区：需要多加留意

在撰写标题时，运营者还要注意不要走入误区，一旦标题失误，便会对视频数据造成不可小觑的影响。本节将从标题容易出现的6个误区出发，介绍如何更好地打造视频标题。

1. 表述含糊

在撰写标题时，要注意避免为了追求标题的新奇性而出现表述含糊的现象。很多运营者为了使中视频标题更吸引用户的目光，一味地追求标题上的新奇，这可能会导致标题含糊其词。

何为表述含糊？所谓"含糊"，是指语言不确定，或者表达方式或内容模棱两可。如果在标题上表述"含糊"，那么用户看到标题后可能完全不知道运营者想说的是什么，甚至觉得整个标题都很乱，完全没有重点。

因此，在撰写标题时，运营者尤其要注意标题表达的准确性，要明确标题重点，让用户在看到标题的时候，就能知道视频内容大致讲的是什么。一般来说，运营者要想将标题表述清晰明确，就要找准内容的重点，明确内容中的名词，如人名、地名、事件名等。

2. 无关词汇

一些运营者为了让标题变得更加有趣，将无关词汇夹杂进去，想以此吸引用户注意力，达到快速涨粉的效果。

这样的标题在刚开始时可能会引起用户的注意，但时间一久，用户便会拒绝此类标题。这样造成的影响，对于品牌或产品来说是长久的。所以，运营者在撰写标题时，最好不要使用无关词汇。在标题中使用的无关词汇有很多种类型，如图10-31所示。

图 10-31 在标题中使用无关词汇的类型

运营者应该学会巧妙地将词汇与内容紧密结合，使词汇和内容融会贯通、相互照应。否则，中视频标题不仅会欺骗用户，也会变成所谓的"标题党"。

3. 负面表达

运营者撰写一个标题的目的就在于吸引用户的目光，只有标题吸引到了用户的注意，他们才会想去查看中视频内容。基于这一情况，某些运营者的标题出现了一味追求吸睛效果而出现负面表达的情况。

趋利避害是人的天性，这一情况也提醒运营者，在撰写标题时要尽量避免太过负面的表达方式，而要用正面的、健康的、积极的方式表达内容，给用户一个好的引导。

例如，在表示食用盐时，最好采用"健康盐"的说法，如《教你如何选购健康盐》，要避免使用"对人体有害"这一负面情况的表达，才能让中视频内容和产品更容易被用户所接受。

4. 虚假自夸

运营者在撰写标题时，虽说要用到修辞手法，如夸张、比喻等，但这并不代表就能毫无上限地夸张，把虚假说成真实。在没有准确数据和调查结果的情况下冒充"第一"，这是不可取的。

运营者在撰写标题时，要结合自身情况，适当地艺术加工，不能胡编乱造。如果运营者想使用形容词的最高级，诸如"第一""首个"等，不仅要得到有关部门的允许，还要有真实的数据。如果运营者随意使用"第一"，不仅对自身品牌形象有不好的影响，还会对中视频用户造成欺骗和误导。当然，这也是法律所不允许的。

5. 比喻不当

比喻式的中视频标题能将某事物变得更为具体和生动，具有化抽象为具体的强大功能。所以，采用比喻的形式撰写标题，可以让用户更加清楚地理解视频中出现的内容，或者运营者想要表达的思想和情绪。这对于提高视频的相关数据也能起到十分积极的作用。

但是，在标题中运用比喻手法时，运营者也要十分注意比喻是否得当的问题。一些运营者在追求比喻式标题吸引用户目光时，常出现比喻不当的错误，也就是指本体和喻体没有太大联系，甚至两者毫无相关性的情况。

在中视频标题之中一旦出现比喻不当的情况，用户就很难在中视频标题之中找到自己想要的内容，那么标题也就失去了它存在的意义。这不仅不能被用户接受和喜爱，还可能会因为比喻不当，让用户产生质疑和困惑，从而影响中视频的传播效果。

6. 强加于人

强加于人，就是将一个人的想法或态度强行加到另一个人身上，不管对方喜不喜欢，愿不愿意。在撰写标题时，"强加于人"是指运营者将某想法和概念植入到标题之中，强行灌输给用户，给用户一种气势凌人的感觉。

当一个标题太过气势凌人时，用户不仅不会接受该标题所表达的想法，还会产生抵触心理——越是想让用户看，他们就越是不会看；越是想让他们接受，他们就越是不接受。如此循环往复，最后受损失的还是运营者自己，或者是运营者所推销的某品牌。例如，"如果秋冬你只能买一双鞋，那必须是它""今年过节不受礼，收礼只收×××"就是"强加于人"的典型标题案例。

第11章

封面设计：
让你的视频点击率翻倍

在许多视频平台中，用户看中视频时，首先看到的就是该中视频封面。因此，对于运营者来说，设计一个抓人眼球的中视频封面就尤为重要了。毕竟运营者将中视频封面图设计好了，可以为自己的中视频加分。

万里挑一：选取最佳的封面图片

封面对于一个中视频来说是至关重要的，因为许多用户都会根据封面决定要不要点击查看中视频内容。那么，如何为中视频选择最佳的封面图片呢？笔者认为大家重点可以从以下2个方面进行考虑。

1. 根据与内容的关联性选择

如果将一条中视频比作一篇文章，那么中视频封面相当于就是文章的标题。所以，在选择中视频封面时，运营者一定要考虑封面图片与中视频的关联性。如果中视频封面与内容的关联性太弱，就像是写的文章有标题党的嫌疑，或者是让人觉得文不对题。在这种情况下，用户看完中视频之后，自然就会生出不满情绪，甚至会产生厌恶感。

其实，根据与内容关联性选择中视频封面的方法很简单，运营者只需要根据中视频的主要内容选择能够代表主题的文字和画面即可。

图11-1所示为一个猫狗大战的中视频封面。这个封面选得很好，因为它直接呈现的是猫狗大战的封面，而且还在封面中显示标题。这样一来，用户看到封面之后，大致就能判断这个中视频是要展示猫狗之间的大战了。

图 11-1　根据与内容的关联性选择的封面图

2. 根据账号的风格特点选择

一些中视频账号在经过一段时间的运营之后，在中视频封面的选择上可能已经形成了自身的风格特色，而用户也接受了这种风格，甚至部分用户还表现出对这种中视频封面风格的喜爱，那么运营者在选择中视频封面时，就可以延续自身的风格特色，也就是根据账号中视频以往的风格特色来选择封面图片。

TIPS 097 图片素材：成就亮眼视觉的基础

图片素材是指没有经过任何艺术的加工、零散而没有系统分类的图片。图片素材选择得是否合理是打造亮眼的视觉效果的基础。运营者只有对符合中视频主题并且质量较高的图片素材加工成封面，才能真正为整个中视频增添色彩。本节主要介绍选择优质的图片素材及对图片素材进行艺术加工的相关知识。

1. 清晰度高

高清的图片是获得平台用户良好的第一印象的法宝，它体现了商品价值的高低，直接影响着用户的价值判断。图11-2所示为一款主图清晰的产品，它不仅画质清晰，而且拍摄的角度也比较合理，从而能通过设计凸显产品的品质。

图11-3所示为背景杂乱的图片素材。不难看出这张图片不仅图片的背景随意，而且给用户一种毫无亮点，平平无奇的感觉。如果在带货中视频的封面设计中选择这样的图片素材，肯定难以激发用户的好奇心，达不到好的视觉效果。

图 11-2 图片清晰的主图

图 11-3 背景杂乱的图片素材

★ 专家提醒 ★

优质的图片素材除了拥有较高的清晰度外，还应具备的一个特点便是图片背景应该井然有序或者整洁无污渍，而不是杂乱无章，不然就会给用户造成一种品牌感不强的印象。

2. 光线好

随着物质生活水平的提高，人们对品质的要求与标准也在不断提升。因此，如何选择高品质的图片素材便成了运营者在进行封面设计时需要考虑的重点问题。一般而言，视觉光线较好的图片素材相较于光线昏暗的图片素材而言，会更容易给用户好的视觉享受。

如果在进行封面设计时没有把握好视觉光线，一方面容易导致呈现的图片无法达到预期的视觉效果；另一方面这样的视觉图片也不足以引起用户的观看兴趣。

图11-4所示为一张视觉光线不足的图片素材。由于拍摄者在拍摄时没有把握好视觉光线，从而导致整个视觉画面呈现出一种昏暗的感觉。毫无亮点的图片、缺乏质感的视觉效果是绝对不能做中视频封面的。再来看光线把握得当的中视频封面示例，整个图片给人明亮简洁的视觉感受，体现了图片的质感，适合做中视频封面图片，如图11-5所示。

图 11-4　视觉光线不足的图片示例　　　图 11-5　光线得当的图片示例

3. 角度合理

想要打造好的视觉效果，中视频运营者在进行视觉设计时，要选择科学合理的图片素材，从而为中视频封面增添亮点，提高中视频的观赏性。下面以图解的形式介绍选择视觉角度合理的图片素材作为中视频封面的好处，如图11-6所示。

| 文案编写篇
第 11 章 封面设计：让你的视频点击率翻倍

图 11-6 选择视觉展示角度合理的图片素材的好处

图11-7所示为视觉展示角度合理的封面图片示例。仔细观察这张图片，不难发现，该图片的视觉展示角度有利于充分展示商品全貌，让用户从流动的啤酒液中感受到它的醇香。

图 11-7 视觉展示角度合理的封面图片示例

★ 专家提醒 ★

选择视觉角度合理的图片素材是运营者进行封面设计、营造最佳视觉效果的前提条件，也是激发用户好奇心、引起用户关注最重要的影响因素。试想，如果用户无法从封面中寻找到中视频的亮点与独特性，长此以往，也会大大降低用户对运营者的信任度与品牌认知度。

4. 设计富有创意

即使清晰度再高、视觉光线再充足或是视觉展示角度再准确立体，如果所采用的图片素材都是千篇一律，缺乏创新点，那么对用户的吸引力也是有限的。要保持对用户长久的吸引力，运营者需要从以下两点做起：

（1）需要中视频运营者在视觉设计上富有创意和亮点，让用户持续保持对自己的新鲜感。

（2）打造独具匠心的图片，能够激发用户的好奇心理，给予用户最佳的视觉享受，从而增加产品的好感度，扩大其影响。

图11-8所示为某家居账号的产品宣传视频封面效果对比。通过视觉效果比较，不难发现左图是基本的产品实物图，虽然能辅助中视频展示出产品的实用性，但从视觉设计的角度看，该封面缺乏一定的设计感，看起来比较单调，对用户的视觉冲击力较小，同时对用户的吸引力也较弱。

右图示例将商品置于一个精心设计的环境中，将座椅放置在屋子的一角，使产品的特色与外部环境融为一体，打造舒适和谐的视觉感受，以家为拍摄背景的创意为这一图片素材增色不少。

图11-8 同类型封面视觉设计效果的对比

5. 颜色绚丽

运营者想要让自己的中视频封面能够吸引用户的眼球，那么所选的图片的颜色搭配要合适。需要注意的是，图片的颜色搭配合适能够给用户一种顺眼和耐看的感觉，对中视频而言，一张封面图片颜色搭配要做到以下两个方面：

（1）选择的图片素材要绚丽夺目。

（2）选择的图片素材颜色搭配要与中视频内容相符合。

其中，选择的图片素材是否亮丽夺目是吸引用户关注的主要因素，舒适美观的视觉配色有利于提高图片的亮点与辨识度。因此，在没有特殊的情况下，封面图片要尽量选择色彩明亮的，因为这样的图片能给运营者带来更多的点击量。下面以图解的形式介绍选择亮眼图片提高点击量的具体原因，如图11-9所示。

第11章 封面设计：让你的视频点击率翻倍

图11-9 选择亮眼图片提高点击量的原因

用户在观看视频时希望能有一个轻松愉快的氛围，不愿在压抑的环境下观看，而色彩明亮的封面图片就不会给用户压抑沉闷的感觉，恰恰相反的是，它能给用户带来舒适轻松的观看氛围。

当然，封面图片除了亮丽夺目外，在颜色选择上还有一个与内容是否符合的因素存在，这也是在图片的细节处理中需要注意的问题。如果运营者的中视频是比较悲沉消极的，那么就可以选择与内容相适应的封面图片，不可使用太过跳脱的颜色，因为这样会降低封面的整体感。

6. 视觉精美

中视频运营是离不开封面图片的，封面图片是使中视频变得生动的一个重要武器，而且会直接影响中视频的点击量。

因此，在使用封面图片给中视频增色时，可以通过一些方法对图片进行美化处理，让图片更加有特色，提高视觉的精美度，从而吸引更多的用户。

图片美化处理可以让原本单调的图片，通过多种方式变得更加鲜活起来。要想呈现好的视觉效果，就应当注重视觉的精美度，学会利用Photoshop处理照片，增加视觉美感。图片美化处理可以通过两个方法着手进行，如图11-10所示。

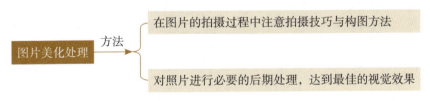

图11-10 图片美化处理

关于图片后期修改的两种方法，具体介绍如下。

1）图片拍摄时美化

封面图片来源是多样的，有的运营者使用的封面图片是企业或者个人拍摄的，有的是从专业的摄影师或者其他地方购买的，还有的是从其他渠道免费得到的。对于自己拍摄封面图片的运营者来说，在拍摄封面图片时需要注意拍照技巧、拍摄场地布局及照片比例布局等，尽量将图片的最佳效果呈现出来。

2）图片后期处理

运营者在拍完封面图片或购买封面图片后，如果对呈现效果不太满意，可以通过后期处理美化图片。现在用于图片后期的软件有很多，如Photoshop、美图秀秀和光影魔术手等。运营者可以根据自己的实际技能水平选择图片后期软件，通过软件让图片变得更加夺人眼球。

流量转换：必须遵循基本制作规范

在设计中视频封面图片时，运营者还要遵守一定的制作规范，从而提高封面图片的质感，保证最佳的视觉效果。值得注意的是，在设计封面图片时，切忌标注过多杂乱无章的信息，因为杂乱无章的信息只会让图片看起来缺少美感。

很多运营者都借助各种视频平台不断加大促销推广的力度，因此，常常会在封面图片上大做文章，但有时因为没有把握好分寸，往往效果适得其反。有的运营者在封面图片上无限放大促销、优惠及商品特色等营销信息，甚至这些信息占据的面积比封面主体内容还要大，严重影响了封面图片的美观度。

★ 专家提醒 ★

如果中视频封面没有按照规范进行制作，就会影响中视频的点击量；如果商品封面没有按照规范进行制作，那么流量难以转化为销量，对视觉营销而言是较大的阻碍。因此，封面的制作规范需要在设计之前就考虑好，以保证封面视觉设计的水平。

优质好图：掌握3大封面基本特征

用户在搜索关键词之后，跳转的界面中会出现一系列中视频封面图片，而图片质量的高低直接影响中视频的点击率。优质的封面好图应具备哪些基本特征？下面笔者以图解的形式介绍优质好图的基本特征，如图11-11所示。

文案编写篇
第 11 章 封面设计：让你的视频点击率翻倍

图 11-11 优质好图的基本特征

  一张优质的封面图片能对用户产生强烈的视觉冲击感，在一定程度上节约了平台推广的成本支出。对于运营者来说，好的封面会让用户眼前一亮，向用户传递重要信息，从而能引发用户的浏览兴趣。

分层处理：信息展示做到主次分明

  封面图片在信息的展示上应该有主次之分，而不是随意分布、杂乱无章。总的来说，对封面信息进行分层处理的好处有很多，如图11-12所示。

图 11-12 对封面信息进行分层处理的好处

品牌宣传：让观众看过后记忆犹新

  随着中视频的起步和电商行业的不断蓬勃发展，在线销售的商品越来越多，如何进行更为出色的视觉营销也成为许多运营者思考的问题。

  于是，全力打造品牌成为许多运营者的首要选择，他们不再拘泥于简单的商品销售，而是致力于品牌的宣传和推广。因为只有通过记忆强化，才能使得消费者对商品所属品牌记忆犹新,把新老客户都留住。但品牌的宣传和推广需要付出的代价比较大,运营者需要面对几大问题,如图11-13所示。

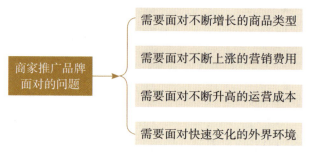

图 11-13 运营者推广品牌需要面对的问题

传统的企业在树立品牌时,花费了不少心血,投入的资本也不容小觑。而电商企业要想对品牌进行宣传和推广,就不要从资金上和传统企业较劲,通过中视频封面展示品牌标识倒是一个不错的方法。

笔者注意到,大品牌的中视频封面图有一个共同的特点,就是品牌标识都统一位于画面的某一侧。这样一来,不仅可以吸引新顾客的注意力,还可以让老顾客产生熟悉感,进而促进商品的销售,为品牌的宣传和推广打下良好的基础。

TIPS 102 质感体现:影响到观众的心理感受

运营者在进行封面图片设计时,应注重体现图片质感。高质感的图片更容易抓住用户的眼球,带给用户最佳的视觉感受。譬如,不同质感的商品封面图,会在无形之中影响消费者的心理感受,使他们从不同的角度关注商品,如图11-14所示。

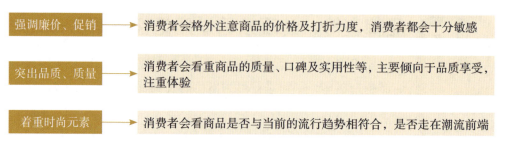

图 11-14 不同质感的商品主图对消费者的心理感受的影响

| 文案编写篇
第 11 章 封面设计：让你的视频点击率翻倍

★ 专家提醒 ★

在中视频封面展示商品主要有两个影响：

（1）商品通过封面图片的方式展示出来，会形成不同的质感。

（2）商品通过封面图片的方式展示出来，可以得到截然不同的销售效果。

因此，通过中视频封面烘托展示，能让商品显得更加有质感，即更富有价值感。

以某瓷盘推广视频为例，瓷盘作为一种注重质感的商品，在图片的设计上更是要格外用心。图11-15所示为3种不同的中视频封面图片。

（a）光线偏暗的封面图片　　（b）背景色与产品色接近的封面图片　　（c）质感良好的封面图片

图 11-15　不同的中视频封面图片

从图片上来看，虽然展示的商品都是相同的类型，但体现出来的商品质感却有所不同，关于以上几种中视频封面的相关分析，如图11-16所示。

第一张效果较差 ▶ 光线偏暗，无法很好地展示商品的质感，从而影响消费者的视觉享受

第二张效果稍好 ▶ 光线充足，效果比第一张要好，但背景色与商品本身较为接近，无法突出重点和质感

第三张效果较佳 ▶ 无论是光线还是食物的点缀，都有效烘托出商品的质感，为消费者带来好的视觉体验

图 11-16　中视频封面的相关分析

TIPS 103　视觉元素：快速抢占用户第一印象

中视频运营者只有注重视觉设计，才能保证良好的视觉营销效果。视觉信息元素主要分为时效性、利益性、信任感、认同

感、价值感和细节感。

1. 视觉时效性

时间在视觉营销中占据着举足轻重的地位,因为时间的把握对于视觉效果的打造和推出很重要。在这个信息大爆炸的时代,信息不仅繁杂,而且发布、传播都很快,要想引起消费者的关注,就要抢占最佳时机,做到分秒必争。

那么,中视频运营者到底应该如何保证视觉时效性,抢占视觉效果的第一印象呢?笔者将其技巧进行了总结,如图11-17所示。

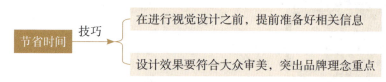

图 11-17 保证视觉时效性的技巧

2. 视觉利益性

运营者要想利用视觉效果传递令他人感兴趣的信息,首先就应该锁定用户的基本利益需求。一般而言,当用户在浏览信息时看到了"赠送""优惠"等字眼时,就容易激发用户好奇心,引起用户的关注,从而提高点击率。

因此,企业和商家可以通过放大字体、颜色对比等方法重点传达此类信息。图11-18所示为某手机品牌账号发布的中视频封面。

图 11-18 某手机品牌 Reno 5 广告图

3. 视觉信任感

基于在线购物的虚拟性,很多消费者对运营者都没有足够的信任感。因此,运营者在传达信息时,加入售后服务热线与退货服务等信息,能够让消费者放心购物,从而提升中视频的吸引力。

值得注意的是,在中视频视觉营销过程中,运营者应为消费者提供真实可信的产品信息及相关产品服务信息,从而增加消费者对产品及商家的信任度,最终提高商品的销售额。另外,运营者在视觉营销中加入最佳服务信息,有利于增强消费者对店铺的好感,扩大品牌影响力。

4. 视觉认同感

在传达视觉信息时，中视频运营者可以利用大家喜爱的明星或者名人来获得用户的认同，提升用户的好感度，从而让产品的营销活动得到更多的关注，最终提高产品销售量，达到视觉营销的目标。

5. 视觉价值感

中视频运营者传达信息要准确，并且要清楚地分配每个要素的具体作用，而做好这些工作的基础就是深度了解目标受众的取向和喜好，体现视觉信息的价值感。在利用中视频封面传达信息时，可以在封面上直接注明重要信息，起到突出强调作用，值得注意的是，标注的信息要注重语言的提炼，注重核心信息点的传达。

6. 视觉细节感

中视频运营者在传递视觉信息时要注重视觉细节的准确到位，此处细节到位不是说面面俱到，越详细越好，因为图形的范围有限，消费者能够接受的信息也是有限的。如果一味地追求细节，就会陷入满屏的信息之中，无法凸显重点。那么，怎样才能让视觉的细节到位呢？笔者将方法总结如下：

（1）突出重要的视觉信息。

（2）颜色对比要协调，避免无关的信息。

★ 专家提醒 ★

人的视觉是不可能看到所有的细节的，因此视觉设计只要突出想要传达的信息即可。多余的细节只会造成画面的混乱，影响用户对重要信息的获取，继而导致视觉营销效果的不佳。

注意事项1：原创+标签+文字

在制作中视频封面的过程中，有一些需要特别注意的事项。本节选取了3个方面的内容，为大家进行重点说明。

1. 原创：尽量使用原创

用户每天接收到的信息非常多，而对于重复出现的内容，大多数人都不会太感兴趣。所以，如果中视频封面不是原创的，那么用户可能会根据中视频封面判断自己已经看过了。这样一来，中视频的点击率就难以得到保障。

使用原创中视频封面这一点，要做到很简单。因为绝大多数运营者拍摄或上传的中视频是自己制作的，运营者只需从中视频中随意选择一个画面作为中视频封面，基本上就能保证中视频封面的原创性。

当然，为了更好地显示中视频封面的原创性，中视频运营者还可以对中视频封面进行一些处理。可以在封面上加上一些可以体现原创的文字，如原创、自制等，如图11-19所示。这些文字虽然是对整个中视频的说明，但用户看到之后，就能马上明白包括封面在内的所有内容是原创的。

2. 标签：带有超级符号

超级符号就是一些在生活中比较常见的、一看就能明白的符号。例如，红绿灯就属于一种超级符号，大家都知道"红灯停，绿灯行"。又如，一些知名品牌的Logo，人们只要一看就知道它代表的是哪个品牌。

图11-19 使用原创中视频封面

相对于纯文字的说明，带有超级符号的标签，在表现力上更强，也更能让用户快速把握重点信息。因此，在制作中视频封面时，运营者可以使用超级符号来吸引中视频用户的关注。图11-20所示为关于剪映的中视频，该中视频封面中就是用剪映Logo这个超级符号，来吸引用户目光的。

图11-20 用超级符号吸引中视频用户的目光

3. 文字：有效传达信息

在中视频封面的制作过程中，如果文字说明运用得好，就能起到画龙点睛的作用。然而，现实却是许多运营者在制作中视频封面时，对于文字说明的运用还存在一些问题，这主要体现在如下两个方面：

（1）文字说明使用过多，封面上文字信息占据了很大的版面。这种文字说明方式，不仅会增加用户阅读文字信息的时间，而且文字说明已经包含了中视频要展示的全部内容，用户看完中视频封面之后，甚至都没有必要再去观看具体的中视频了。

（2）在中视频封面中干脆不进行文字说明。这虽然更能保持画面的美观度，但是，许多用户看到中视频封面之后，不能准确地判断这个中视频展示的具体内容是什么。

其实，要运用好文字说明也很简单，运营者只需用简练的文字进行表达，有效地传达信息即可。

注意事项 2：尺寸 + 版面

在设计封面时，运营者除了要注意原创、标签和文字等要素外，还要留意封面图片的尺寸和版面。

1. 尺寸：注意图片大小

在制作中视频封面时，一定要注意图片的大小。如果图片太小，则呈现出来的内容可能会不太清晰。遇到图片不够清晰的情况，运营者最好重新制作图片，甚至是重新拍摄中视频。因为清晰度会直接影响中视频用户查看图片和中视频内容的感受。

一般来说，各大中视频平台对于中视频封面图片的大小都有一定的要求。例如，B站中视频封面图片大小的要求为1146×717。在制作中视频封面时，运营者只需根据平台的要求选择图片即可。

2. 版面：默认横屏呈现

通常来说，各大中视频平台都是默认以横屏形式呈现中视频封面的。图11-21所示为西瓜视频和B站的相关界面，可以看到这些平台的中视频封面是以横屏形式呈现的。

图 11-21　各平台默认以横屏形式呈现中视频封面

在这种情况下，运营者在设置中视频封面时，需要充分考虑平台对中视频封面版面的呈现方式。然而，在实际的中视频封面制作过程中，部分中视频运营者对此注意还不够。

如果运营者想要为横屏拍摄的中视频设置一个竖屏封面，这种想法虽然让中视频封面可以更加适应中视频用户的阅读习惯，但无法适配西瓜视频的横屏封面，运营者需要裁剪封面图片，从而影响封面的美观度。

其实，在各大中视频平台中，有很多中视频都是横屏拍摄的，比如，许多游戏都是用横屏来操作的，所以，这些游戏也会以横屏的方式进行拍摄。因此，游戏类中视频封面，可直接将游戏画面作为封面素材。

第12章

剧本编写：
精彩的情节提升完播率

　　运营者在拍摄中视频之前，首先要筹备中视频剧本，如编剧和导演如何整合有限的资源，编写一个符合账号人设的剧本；其次，情节是中视频内容的重要组成部分，运营者要编写出符合用户期待的故事情节。

牢记格式：剧本基本知识

TIPS 106

剧本指的是中视频拍摄之前的故事模板，大致可以分为文学剧本、分镜剧本和完成台本3种。

1. 文学剧本

文学剧本主要由剧本封面、主要人物表、场面标头、情节、对话和动作等基本元素构成。

1）剧本封面

一般来说，文学剧本封面都会有剧本名和作者名，演员或剧本工作人员一看剧本封面就能明白该剧的名字和编剧名字。图12-1所示为电影《红高粱》的剧本封面，我们可以从封面看到剧名是《红高粱》，编剧里有原著作者莫言。

2）主要人物

笔者再拿《红高粱》剧本举例，该剧本中开头就是人物表，它用简洁的文字大致介绍了人物，如"九儿——我奶奶""余占鳌——我爷爷""豆官——我爹"等，如图12-2所示。

图12-1　《红高粱》剧本封面　　图12-2　《红高粱》主要人物

众所周知，《红高粱》文学剧本是改编自诺贝尔文学奖得主莫言的第一本长篇小说，和文学剧本是不一样的，小说是通过叙述和人物对话等方式来交代人物名字的，下面看一段原著中的人物出场介绍：

一九三九年古历八月初九，我父亲这个土匪种十四岁多一点。他跟着后来名满天下的传奇英雄余占鳌司令的队伍去胶平公路伏击日本人的汽车队。奶奶披着夹袄，送他们到村头。余司令说："立住吧。"奶奶就立住了。奶奶对我父亲说："豆官，听你干爹的话。"父亲没吱声，他看着奶奶高大的身躯，嗅着奶奶的夹袄里散出的热烘烘的香味，突然感到凉气逼人，他打了一个战。肚子咕噜噜响一阵。余司令拍了一下父亲的头，说："走，干儿。"

对比这一段原著中的人物出场介绍，我们可以明白文学剧本中人物介绍相对直白很多，没有那么多复杂的文学手法。此外，文学剧本中的主要人物介绍可以写得更详细一些，如《大明劫》文学剧本中的主要人物表如图12-3所示。

> **主要人物表**
>
> **吴又可 45岁**（取苏州地方志 1587年生-卒年不详） 苏州东山医生 名有性 字又可 号淡斋
> 崇祯在位17年间，全国性的大瘟疫便有15次之多。吴又可创造性地提出瘟疫是由病气从口鼻传入，并且可以人传人。这在当时以《伤寒论》为医学基础的中医界被视为异端邪说，在吴又可为自己的医学著作《温疫论》写的序言里，自称《瘟疫论》是发愤之作。吴又可的身上既能看到医者的宅心仁厚，又有坚持反叛和男人血性。
>
> **孙传庭 48岁 陕西总督 后官至五省总督，官居一品**
> 孙传庭（1593年-1643年），字伯雅，代州镇武卫（今山西代县）人，进士出身。生于明神宗万历21年，卒于明思宗崇祯16年。明朝最后的柱石，三年前正当追击只余十八骑的李自成时，被征召回京并入狱。三年后面对危局奉旨出征，进行一场无望的战争。

图12-3 《大明劫》文学剧本中的主要人物表

可以看出，该文学剧本对吴又可和孙传庭的字号、年龄、生卒年、生平等信息进行了简单介绍，这样做有如下4个目的：

- 有助于选角导演了解角色特点，以寻找适合该角色的演员。
- 方便演员了解角色背景，融入角色。
- 有利于导演构建人物形象，更加全面地协调各部门进行工作。
- 道具组、服装组了解该角色性格、年龄、所处年代等要素后，能制作出更贴合人物形象的道具和服装。

3）场面标头

如图12-4所示，"第7场 陕西某地 街道 日 外"等信息，都属于场面标头。

> **第7场 陕西某地 街道 日 外**
> 陕西某地的县城街道。街上不多的行人和商铺，弥漫着一股懒洋洋的萧条气息。
> 一只手摇着虎撑入画，并没有引起行人过多的关注。
> 吴又可背着行李，一手拿着虎撑，一手拄着木棍，上面挂着幌子，沿街行走。
>
> **第8场 民舍 门外 日 外**
> 村落小道，吴又可往一户人家走去，像是急着要去上门出诊。
> 远远地有唢呐之声传出，接着越来越清晰的嚎哭之声，这家正在办丧事。
> 吴又可停住脚步。
> 举目四顾，快步走到这户人家门前的墙角，蹲下去捡了些东西用布包起来——没人看清

图12-4 《大明劫》文学剧本节选（一）

一般来说，文学剧本中的场面标头需要包含场、地、时、景等要素。“场”指的拍摄的第几场戏，图中的“第29场”和“第30场”指的就是第29场戏和第30场戏；“地”指的是当前情节所发生的地点，图中“陕西总督行镇”和“军营”分别为第29场戏和第30场戏拍摄的地点；“时”指的是当前情节所发生的时间点，图中的“晨”或“日”指的就是该场戏发生的时间点在早晨或白天；“景”有内外景之分，户内景简称为“内”，户外景简称为“外”，如图12-5所示。

第 29 场　陕西总督行辕 内宅　晨　内

孙传庭站在窗前，目光投向外面，天已经蒙蒙亮了。

冯氏正在身后为他系上甲胄的系带。

孙传庭：当年将李自成打得只剩一十八骑，我就是身着这身甲胄。要不是这几年流寇坐大，它和我都该安享太平了。

冯氏一边系紧系带一边念叨着：人又瘦了，得把这里改改。

孙传庭回过头来：不必改了，解甲归田的日子不远了。

冯氏也柔声道：好，世宁还没回过老家呢。

孙传庭和冯氏一同看向床上，世宁正在熟睡中。

第 30 场　军营 演兵场瞭望台　日　外

雾中的军营远景。

传来号角声。

号角铮鸣，一声紧过一声。

瞭望台上的哨兵在喊：督师大人检阅，各营集合列队——

图 12-5　《大明劫》文学剧本节选（二）

4）情节

文学剧本中每一场都需要包含故事情节，例如，在《大明劫》文学剧本第35场戏中，描绘的是军营的景象，被崇祯任命为兵部右侍郎的孙传庭接管陕西军务后，对大明军队进行全面了解。在这场戏中，火铳兵手中火铳早已朽坏，惧怕陕军督师孙传庭的威严，不敢将手中的火铳交出。而当他拿到火铳时，问手下的任指挥使，只能听见一句“属下接手之时便是如此，兵员弹药无法补给，已经不是一天两天的事了”。从该故事情节中可得知，陕西军队武备不修已久，兵员弹药也无法补给，为后面明军大败埋下了伏笔，如图12-6所示。

第 35 场 军营 靶场　日　外

孙传庭已经走到了火铳兵队列前，随机的示意后排一个火铳兵将手中火铳交给自己，火铳兵有些犹豫，孙传庭瞪了他一眼，这名火铳兵将手中火铳小心递上。

孙传庭看着这支已经朽坏的火铳，脸色越来越难看，他不过是稍一用力，铳管和铳托就分开了。

孙传庭将这坏了的火铳掷到地上，怒道：这能用么！

这名火铳兵吓得跪在地上：发给我们的就是这样的啊！

孙传庭转向任琦：任指挥使，这是怎么回事？

任琦：属下接手之时便是如此，兵员弹药无法补给，已经不是一天两天的事了。

正当此时，演兵场上忽然传来一阵骚动。

图 12-6　《大明劫》文学剧本节选（三）

5）对话

对话不仅能给观众交代一些重要信息，还能推动故事情节的发展。图12-7所示为芦苇版《白鹿原》文学剧本第22场戏（节选），编剧通过白嘉轩与鹿三之间的对话交代了时代背景——民国二年，这里的对话暗含着清朝统治已经结束，白鹿原的乡民都开始绞辫子了，但是我们从后面灵灵缠脚的对话中可知道，虽然辫子开始绞了，但是裹小脚的陋习还在。

> 22．白家院子 日 外
> 鹿三给白嘉轩剃着光头，说"辫儿一绞，你也就算革了命咧。"
> 白嘉轩："皇历都民国二年了，咱也算对的起他清家了。咋，你还是不剪，留下等着下回革了命换个乡长当呀？"
> 鹿三："县长我都不换。我不管他清朝还是民国，没这辫咧，我的头坠搭不住。" 白嘉轩："你看我头，支的稳稳的，只要咱碗里有食身上有衣日子能过顺当了，管他谁坐皇位子都一样。咋咧？灵灵娃嚎啥呢？"
> 一阵阵凄厉惨人的哭喊声传来，白嘉轩顾不得剃净的头，起身朝前院跑去。
> 白母、白妻仙草给女儿白灵缠脚，她的哭痛声声揪心。
> 白嘉轩进来夺下妻子手中的白布，塞进炕洞里去，抱住了女儿。仙草迟疑地看着他说"你不让缠脚，娃将来长一双丑大脚，嫁给要饭的都没人要。"
> 白嘉轩抚着女儿头说"将来？将来嫁不出门的，怕是你的这号脚哩。你谁再敢缠灵灵儿脚，看我把你手剁了去——"

图12-7　芦苇版《白鹿原》文学剧本（节选）

6）动作

文学剧本中的动作描写要有画面感，一个有功底的编剧是能够通过人物的动作描写将心理状态烘托出来的。图12-8所示为《红高粱》文学剧本第34场戏（节选），编剧通过"摘下几圈铁丝""把四盘耙绑在一起"等动作描写，将余占鳌等人的战前准备展示了出来。

> 56．墨水河石桥——公路
> 余占鳌招呼说："都下堤藏好。哑巴放耙。"
> 人们纷纷隐入堤北的高粱地里。哑巴和几个伙计扛着铁齿耙过了桥，在堤南桥头卸下耙。一个伙计从肩上摘下几圈铁丝。他们手脚麻利地把四盘耙绑在一起，把连环耙抬到公路与石桥相接处，四盘横断了道路的连环耙，尖锐的齿尖朝天。
> 余占鳌指挥众人，把那尊大抬杠在废弃的小木桥桥头的河堤上架好。大抬杠堵着一团破棉絮的枪口对着连环耙的方向，抬杠的后部翘出一根引信，一把高粱杆芯削成的火绒，一个药葫芦，一个盛铁豆子的铁盒，规规矩矩放在一旁。
> 刘大号把大喇叭立在小木桥桥头，过来帮忙。余占鳌叮嘱他说："大号，接着火，你什么都别管，可着劲儿给我吹喇叭，鬼子怕响器，你明白吗？"刘大号眨巴眨巴眼睛望望余占鳌，连连点头。

图12-8　《红高粱》文学剧本节选

2. 分镜剧本

文学剧本是视听语言，它为视频拍摄奠定了基础，但是不能直接用来拍摄，能直接用来拍摄视频的是分镜剧本。

1）剧本封面

下面以《苦恋》为案例进行分析。《苦恋》分镜剧本封面正中央是剧名，地脚（靠近纸张底部的部分）上写着制片方"长春电影制片厂"和时间"一九七九年十月"，如图12-9所示。

图 12-9　《苦恋》分镜剧本封面

2）镜头序号

图12-10所示为某电影分镜剧本，图中标识出的数字代表的就是镜头序号。

镜号	景别	技巧	场景	内容			效果	音乐	备注
				动作	时长	对白			
1	近景特写	固定镜头	1	挂钟或桌上的小钟（钟要漂亮）	2S		叠化	钟表声&麻将声	黑场进入
2	远景	固定镜头	1	四人全，打麻将	3S		切换机位		主要突出的是男、女主

场景一，打麻将　　　　　　　　总计全长 163S

图 12-10　某电影分镜剧本（节选）

★ 专家提醒 ★

什么是分镜剧本？它指的是导演根据编剧的文学剧本设计画面、添加音乐、设置节奏、添加导演风格的剧本。它主要由剧本封面、镜头序号、景别、画外音、画面内容、镜头解说词、音乐或音响效果等要素构成。

3）景别

导演会在分镜剧本将景别写出，如某分镜剧本中经常出现的"中景""近景""特写"等景别术语。"进来一个学生老师，就用教鞭打了一下头，然后就变成了方形的脸"场景，使用的是固定镜头，景别为中景；"男主角排在队伍中"和"排到男主角的时候，男主角低头越过，正好打在下一个同学的脸上"等场景，使用的是近景镜头；"男主角捂嘴偷笑"后注明了"特写"二字，说明该镜头用特写景别拍摄，如图12-11所示。

3	中景	固定镜头	教室门口	进来一个学生老师就用教鞭打一下头，然后变成正方形的脸	6S				
4	近景	推镜头	教室门口	男主角排在队伍中间。	2S				
5	近景	切镜头	教室门口	排到男主角的时候，男主角低头越过，正好打在下一个同学的脸上	2S				
6	特写	跟镜头	教室	男主角捂嘴偷笑	2 S		笑声		

图12-11 某分镜剧本（节选）

4）画外音

凡是影片中发出声音的声源不在画面之中，或者说不是由影片中人或物发出来的声音，都可以称之为画外音。

在生活最常见的画外音就是新闻之中的画外音，当记者没有发出声音，画面中被采访者也没有发出声音，但是画面中却存在一个源源不断的声音在介绍被采访者的信息，这个声音就是画外音。

如图12-12所示，在《苦恋》分镜剧本开头，导演和编剧就采用了画外音——"画外音亲切地独白：'让我们介绍一个人吧！一个画家，一个我们的朋友！相信也会成为你们的朋友！'"

场次	镜号	景别	镜头运动	画面内容	声音	备注
1	1	全	固定	欧然站在校门口，背后是校门大石碑。		
1	2	全	固定	看向从面前走过的成双结对的人；		
1	3	近、特	推镜头	脸上露出迷茫的表情；	画外音：（欧然的自白）虽然很无聊，但我一直在纠结这个问题，真正的校园爱情到底存不存在？但是……？	

图 12-12 《苦恋》分镜剧本（节选）

5）画面内容

画面内容是剧本最常见的元素，譬如图中的"在一座晨光沐浴着地乡村里……""一女子在院里梳洗着一头秀发……""村头坐着一群做农活的村妇和一群认真习武的小孩，小孩中间站着拿长矛调教的木兰"等描述性语言都是属于画面内容，如图12-13所示。

镜头序号	镜头景别	镜头运动	画面内容	声音内容
1	全景	摇——推	摇镜头在一座晨光沐浴着的乡村里，之后推到一户人家院内	鸟儿的声音伴着轻快地音乐
2	中——特	推	一女子在院里梳洗着一头秀发，这就是女主角：花木兰	木兰轻哼着小调
3	全	移	晌午，村头坐着一群做农活的村妇和一群正认真习武的小孩，小孩中间站着拿着长矛调教的木兰	村里小孩的叫声，村妇说笑声，木兰教小孩的声音

图 12-13 某分镜剧本中的画面内容

6）镜头解说词

如图12-14所示，"摇镜头""固定"等补充性语言，都属于镜头解说词，摄影师一看到镜头解说词，结合画面内容，他就能在脑海中立马生成一幅镜头运动图。

6	近景——面部特写	摇镜头	木兰的父亲即将被征入伍，但父亲体弱多病，征战沙场必会有不好情况，可家里唯一就只有父亲一个男人，镜头有父亲转向木兰	木兰与父亲的叹气声
7	全——近	固定	经过一夜深思熟虑，为了年迈的父亲为了家人木兰决定替父从军征	木兰劝父亲：我是家里的老大，况且父亲身体欠佳，要是真有三长两短这个家就不完整了，还是我去吧！
8	特写	固定	木兰摇身一变，成了威猛的士兵，随军远去	

图 12-14　某分镜剧本中的解说词

7）音乐或音响效果

如图12-15所示，"妈妈的脚步声""更梆声（指打更声）""风铃声"等，都属于音响效果。

8	中景	切镜	客厅	男主角抬起头看向妈妈的方向停下手上的动作	2S		妈妈的脚步声	妈妈不入镜头
9	中景	固定镜头	客厅	妈妈的一只手拿起男主角手上的模型扔进垃圾桶	3S		如垃圾桶的声音	
10	特写	2个镜头入境画中画	客厅	左边，男主角惊讶的表情。右边，模型如垃圾桶后垃圾桶摇晃	3S		同上	
11	特写	切镜	客厅	男主角由惊讶转成呆滞表情	2S			

图 12-15　某分镜剧本中的音响效果

分镜剧本中的音乐可以分为两种——背景音乐和人声合唱。背景音乐是可以烘托环境和人物情感的，如在《苦恋》分镜剧本的第17场戏中，导演在"满天玉兰花，映衬着晴朗的天空"后注明了"明丽的音乐"，此处是为了方便导演寻找明丽的音乐插入视频中，如图12-16所示。

11	固定镜头	全景	1	儿媳用盘子端着冒着香气的芝麻糊朝家人微笑，小孩已经站起来，向妈妈走去，两个老人也笑了	
12	由右向左摇	近景	1	四个人喝芝麻糊，四个人依次是老太太、老爷子，女主人，小孩子，	音乐充满温馨欢乐
13	固定镜头	特写	1	小孩子喝完了，在舔碗边	
14	向远拉	中景	15	老爷子看着可爱的孙子，笑着把自己剩下的芝麻糊倒给孙子，用手给孙子擦擦嘴	

图 12-16　某分镜剧本中的背景音乐

对于一些导演来说，他们会和作曲家合作，让他们谱写符合视频情景的音乐；当然，还有一些影迷型导演，他们阅片量巨大，在写分镜剧本时，脑海里就有了参考曲目。除了背景音乐外，分镜剧本中还有人声合唱。"人声合唱"除了可以渲染人物情感外，还可能起到暗示剧情的作用，如图12-17所示。

1	俯 全摇升——大远（变焦）	字幕衬底 我们正升腾在高高的空中，透过薄薄的云幕俯视着苍茫的大地…… 男声合唱： "欢歌庄严的历程，我们飞翔着把人字写在天上。"	4
2	俯大远摇——大远	翻滚的云海…… "啊！多么美丽……"	3
3	俯大远摇——大远	起伏的山峦…… "她是天地间最高的形象。"	3
4	俯大远摇——大远	一条条宛若银幕的河流…… 画面暗部角上出演员表……	4

图 12-17　《苦恋》分镜剧本中的人声合唱

3. 完成台本

什么是完成台本？完成台本又称为镜头记录本，是场记将已经完成的视频的镜头顺序、运镜手法、景别、画面内容、音乐等内容简略而完整记录下来的剧本。不过，由于中视频拍摄一般时长较短，可以不需要完成台本，因此，下面只做简单介绍。

完成台本的格式和分镜剧本差不多。由于完成台本是在电影制作完成后写的，所以，需要在其中标明镜头拍摄长度，如图12-18所示。

文案编写篇
第 12 章 剧本编写：精彩的情节提升完播率

镜号	内容	摄法	时间(秒)	对白	音效/音乐
				《玩命魔术》工作台本	
1	《玩命魔术》片名	定格	5		
2	胶片划伤画面、字幕、打雷画面、倒数画面、字幕画外及剪辑画面	中景、摇多样	8	本片故事纯属虚构·切勿对号入座 出品人 监制 编剧 主演 联合主演 郑龙凤 联合主演 导演	
3	银湖山庄	中景、全景	5		
4	敲门声，保镖甲开门，区美玲进入行至杜新月前，戴着面具的杜新月，背对窗外接见区美玲。	中景、近景、移、多样	5	欧美玲(恭敬地)：不知老板约我来，所为何事？ 杜新月(友善地)：美玲，今天我约你来，是要商讨对付童铁的。童铁这个叛徒，偷了我们云机社的《叁式详解》，还成功练成了「水里逃生」，这几年他先跑南闯北，到处表演。还给他得「玩命魔术大师」的称号呢！	

图 12-18 《玩命魔术》完成台本

剧本要素：剧本创作基础

TIPS 107

中视频剧本创作有两大要素需要视频团队注意，下面进行简要说明。

1. 视频要合适

虽然中视频剧本写作格式基本和电影剧本一样，但是它们之间最大的不同点就是"中视频"时长相对短，因此，中视频团队需要在有限的时长之内，将视频内容完整地表现出来。

2. 情节要完整

中视频虽然适中，但是它依然剧本情节发展要求，下面笔者简明扼要地介绍反转剧情中视频的4个要素。

（1）开端：由于时长限制，视频团队没必要过多地渲染环境或交代故事背景，而应简单明了地交代人物冲突，让用户瞬间被这个新颖的开头所吸引。

（2）发展：当用户被视频开端的人物冲突所吸引时，编导需要巧妙地设置一些情节，让用户掉入惯性思维的陷阱之中。

（3）高潮：故事情节发展到高潮时，用户已经被自己"一厢情愿"的惯性思维所困住，期待着接下来的情节都在自己意料之中。

（4）结局：这时视频团队应该安排一个出乎意料但合乎情理的结局，类似于马克·吐温和莫泊桑小说的结局。

创作原则：保证创作质量

虽然说文无定法，但是依然可以从中视频剧本中寻找一些优秀的共同点，寻找到它们共同遵守的原则。

1. 标签化原则

以西瓜平台来举例，它最大的特点是标签化。当然，不仅仅是西瓜视频，大部分中视频平台都具备此特点。

用户在西瓜视频平台上不是简单的"人"，而是一个由众多标签组成的数据。例如，某男子30岁左右，那么"30岁"就是该用户的标签；他经常点外卖，那么算法可能会给他贴上"单身"的标签；他经常购买数码产品，那么算法会给他贴上"数码发烧友"的标签。甚至用户使用的手机也是其中一个标签，如某用户使用的是某品牌手机，那么西瓜视频会根据此标签，智能推送该品牌手机的相关视频，如图12-19所示。

图 12-19　根据标签智能推送

因此，视频团队在拍摄中视频时，需要将视频标签化（在西瓜视频中虽然没有话题标签功能，但运营者可在标题中突出标题）。由于视频号中视频可添加话题标签，为方便示例，笔者以视频号中两个带有完整剧情的中视频为例，它们都贴上了合适的标签，如图12-20所示。

 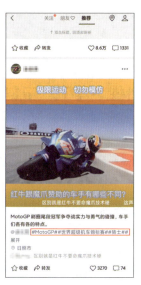

图12-20　贴了标签的中视频

2. 电梯时间原则

电梯时间原则又称麦肯锡30s电梯理论，来自麦肯锡公司的一次惨痛经历，它指的是麦肯锡公司曾经为一个大客户做咨询工作，在咨询结束后大客户在电梯里遇到了麦肯锡公司的项目负责人，问他咨询的最终结果如何。

当时电梯从30层下来，留给这个项目负责人的时间只有30s。很遗憾的是，该项目负责人没有提前做准备，一时被问住了，支支吾吾了半天，什么也答不上来，导致麦肯锡公司最终失去了这个大客户。

经过这次事件之后，麦肯锡公司总结了两个结论：

1）直奔主题

在做总结时，要将问题表述清楚，在讲述时直奔主题，不能拐弯抹角，更不能拖泥带水，最好直截了当地将问题表述明白。一般情况下，大家只能记住3条，所以，总结最好浓缩在3条之内。

2）压缩时间

最好在最短的时间内将总结表述清楚，不能拖太长时间，不然显得自己总结不到位、思维紊乱。一般来说，大家很难记住又长又乱的总结，所以，表达总结的时间要压缩在最短的时间内。

因此，根据电梯时间原则，中视频团队在策划剧本拍摄时，视频主题要简洁明了，不能拖泥带水，如果用户看完中视频后仍然一头雾水，那么只能说明该中视频主题不够明朗；视频时长要尽量压缩，最好控制在3～30分钟。

TIPS 109 创作技巧：玩转剧本创作

下面介绍笔者策划中视频剧本时积累的创作技巧。

1. 情节和人物

情节是整个中视频的核心，而人物形象又是中视频情节的核心。因此，一个优秀的中视频剧本必须具备两个要素——精彩的故事情节和鲜明的人物形象。

2. 三幕剧结构

著名电影剧作家威廉·戈德曼（William Goldman）曾说："电影剧本就是结构，它是维系你故事的脊椎。"可见结构对于剧本的重要性。而在电影剧本中，最常见的结构就是三幕剧结构，如《阿凡达》等好莱坞大片都是遵循的三幕剧结构。图12-21所示为悉德·菲尔德（Syd Field）《电影剧本写作基础》中举例的三幕剧结构示意图。

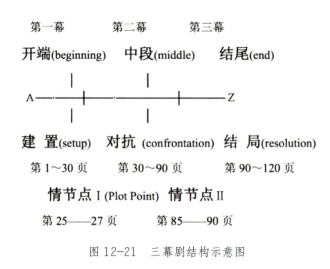

图 12-21　三幕剧结构示意图

图12-21中所讲的是电影剧本结构，中视频团队可以借鉴到中视频拍摄中，如一个1分钟的中视频，中视频团队可以在前20s对剧情进行建置（setup），中间20s给人物设置对抗（confrontation）剧情，最后设置一个结局（resolution）。

3. 现身说法

现身说法可以给观众带来亲临其境的感觉，把自己代入到角色所讲解的故事或情节中。如图12-22所示，视频中主角会现身说法，亲自为观众解释"悬浮现象"背后的科学原理。

图 12-22 主角现身说法的视频

剧本特点：分析优秀剧本

TIPS 110

一般来说，优秀的中视频剧本都具备以下3个特点：

1. 可以打动用户的情感

只有中视频内容能打动用户时，他们才会主动去传播这个中视频，从而拓宽了该中视频的传播渠道。例如，笔者有两个正在学习书法的朋友，他们会将西瓜视频上关于书法的视频互相分享，如图12-23所示。

图 12-23 朋友间互相分享中视频

2. 剧本细节精益求精

笔者接触过许多成功的视频团队，他们会花时间和用户沟通，研究后台的用户画像，根据用户的特点或习惯精心打磨剧本，以符合观众的喜好。

3. 敢于创新

运营者应该心知肚明，如果同一个人设或同一个套路的中视频剧本重复多了，用户很容易产生审美疲劳。用户可以学习《电锯惊魂》系列的剧本特点，它每一部都有反转，但是每一部反转的情节点都不一样，观众往往很难猜到下一部《电锯惊魂》的情节会在哪里反转。

优秀范本：热门剧本类型

下面总结中视频中最常见的剧本类型，中视频团队可以以此为参考。

1. 治愈类型

在韩剧中最常见的就是治愈类爱情电视剧，如电视剧《杀了我，治愈我》讲的就是人格分裂的男主角被女主角治愈的故事，该剧当年播出时深受欢迎。中视频也可以借鉴这种剧本，创作一些治愈类型的中视频，如图12-24所示。

第 12 章 剧本编写：精彩的情节提升完播率 | 文案编写篇

图 12-24 治愈类型的中视频

2. 搞笑类型

搞笑类型是视频平台上比较受欢迎的类型。视频团队需要有出奇的创造力，才能写出令人捧腹大笑的剧本。图12-25所示为搞笑中视频，该剧本就是最简单的冷幽默剧本，主角想将芝士煮融后，倒入瀑布机，做一个芝士瀑布。结果芝士凝固得比较快，变成了一条芝士条，朝主角抽打过来。主角一不做二不休，干脆对着旋转的芝士条练起了咏春。

图 12-25 搞笑中视频

227

3. 超能力类型

在西瓜视频等平台上，一般来说，超能力类型的中视频重点在策划分镜剧本和制作后期的超能力特效上，如图12-26所示。

图12-26 超能力类型的中视频

实际操作：剧本创作步骤

TIPS 112

中视频剧本创作一般分4步，下面进行具体介绍。

1. 列出大纲

写剧本与构思文章一样，编剧首先需要将剧本大纲列出来，提前安排好人物之间的关系，设计好故事背景，编出一条精彩的故事线。需要注意的是，剧本是中视频的灵魂，因此，视频团队在构思故事线时，必须保证故事线的可看性，如果故事线过于枯燥乏味，就无法吸引用户。

2. 设计场景

在撰写剧本过程中，编剧和导演需要考虑到中视频的场景设计，以加强用户的代入感。例如，如果剧本内容讲的是公司员工加班，那么中视频团队就需要找一个公司办公室作为拍摄场景；如果剧本内容讲的是两个高中生的故事，那么视频拍摄团队就要找学校作为拍摄场景。

视频团队需要注意的是，很多时候剧组资金都是有限的，尽量保证剧本中的场景能在生活中取景，不然编剧写一个《指环王》《阿凡达》之类的中视频剧本，视频团队也没有资金去制作这种大场景。

3. 内容最好有转折

一般来说，低成本的中视频最大的优势就是剧情，中视频剧情中最受欢迎的是反转剧情。因此，视频团队在剧本中加入合理的反转情节，更能吸引用户的目光。

4. 控制时长

编剧在撰写剧本过程中，要注意把控时间，中视频的剧情时长一般是3分钟左右。如果时长过长的话，用户就没有坚持看下去的动力；如果时长过短，编剧就难以展示完整的剧情。

剧本内容：多种编写方法

编写剧本内容对中视频制作来说至关重要，那么中视频剧本要怎么编写？笔者认为，运营者可以重点从如下4个方面进行考虑。

1. 根据规范进行编写

随着互联网技术的发展，网上每天更新的信息量是十分惊人的。"信息爆炸"的说法主要来源于信息的增长速度，庞大的原始信息量和更新的网络信息量通过新闻、娱乐和广告信息为传播媒介作用于每一个人。

对于运营者而言，要想让中视频内容被大众认可，能够在庞大的信息量中脱颖而出，首先需要做到的就是内容的准确性和规范性。在实际的应用中，内容的准确性和规范性是编写中视频脚本的基本要求，如图12-27所示。

准确规范的中视频脚本的写作要求：
- 脚本中的表达应该是较规范的，主要是避免语法错误或表达残缺
- 避免使用产生歧义或误解的词语，保证脚本中所使用的文字要准确无误
- 不能创造虚假的词汇，表达要符合大众的语言习惯，切忌生搬硬套
- 以通俗化、大众化的词语为主，但是内容却不能低俗和负面

图12-27 中视频脚本的写作要求

2. 根据热点编写剧本

如果能够围绕热点编写剧本，那么中视频就能吸引更多用户。例如，2021年初的网络流行词是"小丑竟是我自己"，它指的是生活不如意，却还要努力微笑的卑微之人。在西瓜视频上，很多运营者都以"小丑竟是我自己"为主题创作了一些优秀的剧本，如图12-28所示。

3. 个性可为剧本增色

个性化的表达能够加深用户的第一印象，让他们看一眼

图 12-28　围绕热点打造的中视频

就能记住中视频内容。某些运营者通过个性化的文字表达，来赢得用户的关注，如图12-29所示。

图 12-29　个性化的文字表达

对于运营者而言，每一个优质的中视频在最初都只是一张白纸，需要运营者不断地在剧本中添加内容，才能够最终成型。个性化的中视频则可以通过个性

化的表达，吸引用户关注，激发用户对相关产品的兴趣，从而促进产品信息的传播，提高产品的销售量。

4. 在剧本中运用创意

创意对任何行业都十分重要，尤其是在网络信息极其发达的当代社会，自主创新的内容往往能够让人眼前一亮，进而获得更多的关注。创意是为视频主题进行服务的，所以，中视频创意必须与主题有直接关系，不能生搬硬套，牵强附会。

对正在创作中的中视频而言，运营者要想突出相关产品和内容的特点，必须在保持创新的前提下，通过多种方式编写更优秀对的脚本，从而创作出更好的中视频。中视频剧本的表达主要有如下7个方面的要求：词语优美、方便传播、易于识别、内容流畅、契合主题、易于记忆和突出重点。

利用心理：抓住用户眼球

情节是中视频内容的重要组成部分。许多用户之所以喜欢刷视频，主要是因为许多中视频的情节设计得足够吸引人。具体来说，运营者可以重点从用户心理方面进行思考。

1. 满足猎奇心理

运营者要想吸引用户的目光，就要知道用户想的是什么，只有抓住用户的心理，才能提高中视频的浏览量。因此，运营者可以从用户的心理出发，通过满足用户的特定需求来提高中视频的吸引力。

一般说来，大部分人对那些未知的、刺激的东西都会有一种想要去探索、了解的欲望。所以，运营者在制作中视频时，可以抓住用户这一特点，让中视频内容充满神秘感，满足用户的猎奇心理，这样就能获得更多用户的关注，关注的人越多，中视频被转发的次数就越多。

这种能满足用户猎奇心理的中视频剧本，通常都带有一点神秘感，让人觉得看完中视频之后恍然大悟，可以了解到事情的真相。图12-30所示为某运营者的两条中视频，轻松愉快的剧本内容，加上"当女朋友突然变温柔，男生的心理活动是？""听说有人仗着法力高强，就胡作非为？"之类的标题，充满神秘感的同时，也让人心头一暖。

图 12-30 满足用户猎奇心理的中视频文案

能够满足用户猎奇心理的中视频剧本，其文案标题中往往会设下悬念，以引起用户的注意和兴趣。又或者是，中视频剧本中出现的内容都是用户在日常生活中没见到过、没听说过的新奇事情，只有这样，才会让用户在看到中视频标题之后，想要去查看中视频的内容。

像这种具有猎奇性的中视频剧本，其实并不一定就很稀奇，而是在制作中视频时，运营者抓住了用户喜欢的视角，或者是采用了用户好奇性比较大的视角展开故事。用户在看到这样的中视频之后，才会有想要查看中视频内容的欲望。

2. 满足学习心理

有一部分人在浏览网页新闻和文章时，抱着可以学习一些有价值的内容、扩充自己的知识面和提升自身能力等目的。因此，运营者在制作中视频时，可以考虑这一因素，让中视频剧本能够满足用户的学习心理。

能满足用户学习心理的中视频剧本除了内容要有干货外，在标题上也要体现剧本内容所蕴藏的价值。图12-31中两个剧本都是科普类中视频剧本，除了内容妙趣横生外，还能拓展知识面。

用户平时看中视频内容时并不是没有目的性，他们在看中视频时往往有所取。而这类"学习型"的中视频，就考虑了这类用户的需求，能够引起他们的注意。

图 12-31 满足用户学习心理的中视频

3. 满足感动心理

大部分人都是感性的,容易被情感所左右。这种感性不仅体现在真实的生活中,他们在看中视频时也会倾注自己的感情。这也是很多人看见有趣的中视频会捧腹大笑,看见感人的中视频会心生怜悯,甚至不由自主落下泪水的一个原因。

一个成功的中视频剧本,要能满足用户的感动心理需求,打动用户,引起用户的共鸣。运营者要想激发用户的"感动"心理,中视频剧本就必须精心选择那些容易打动用户的话题或内容。所谓能够感动用户,其实就是对用户进行心灵和情感上的疏导或排解,从而让用户产生共鸣,如图 12-32 所示。

用户之所以对某人某事很感动,往往是在他们身上看到了世界上美好的一面,或者是看到了自己的影子。人的情绪是很容易被调动的,喜、怒、

图 12-32 满足用户感动心理的中视频文案

哀、乐等这些情绪是人最基本，也是最容易被调动的情绪。在创作剧本时，运营者从内心情感或情绪出发，制作出的中视频就很容易调动用户的情绪，从而激发用户查看中视频内容的兴趣。

剧本禁区：切不可违反

与硬广告相比，优秀的中视频剧本不仅可以提高品牌的知名度、美誉度，同时能提升网站权重。然而，运营者想要撰写出一个好的剧本并非易事，它对写作者的专业知识和能力有很高的要求。不少运营人员和编剧在创作剧本时，往往因为没有把握住重点事项而以失败告终。

运营者在编写剧本过程中，需要注意如下6大禁忌事项：中心不明、全而不精、高量低质、错误频出、脱离市场和半途而废。

1. 中心不明

有的编剧在创作剧本时喜欢兜圈子，能言简意赅的内容非要反复强调，这样不但会降低内容的可看性，还可能会令读者嗤之以鼻。剧本追求的是"润物细无声"，在无形中将所推广的信息传达给目标客户，过度说空话、绕圈子，会有吹嘘之嫌。

此外，中视频的目的是推广，因而每个剧本都应当有明确的主题和内容焦点，并围绕该主题和焦点创作故事情节。然而，有的编剧在创作剧本时偏离主题和中心，乱侃一通，导致用户看得一头雾水，营销力也就大打折扣了。诚然，广告剧本的主要目的是营销，而如果在一个剧本中看不到品牌，也看不到任何营销推广的意图，那么这个中视频剧本就很难引起用户的注意。

2. 全而不精

剧本创作不需要特色十足，只需要有一个亮点即可。这样，剧本才不会显得杂乱无章，才能扣住用户的心弦。

如今，很多剧本的情节或内容，看上去就像记流水账一般，毫无亮点，这种剧本没有太大的价值。此外，如果剧本内容过多，也会导致可看性大大降低，让用户不知所云。不管是怎样的剧本，运营者都可以选择以小见大的手法，展开剧情脉络，总结出一个亮点，才能将文字有主题地聚合起来，形成一个高价值性的剧本。

3. 高量低质

事实上，剧本创作并不是靠数量就能取胜的，更重要的还是质量，一个高质量的剧本胜过十几个平平无奇的剧本。然而，事实却是，许多运营者为了保证推送的频率，宁可多创作质量低的剧本，草草拍摄，敷衍更新。

例如，某些账号几乎每天都会发布中视频，但是其视频基本都不是原创内容。这种不用心的推送策略，导致的后果往往就是中视频发布出来后，没有多少人愿意看。

除此之外，还有部分运营者仅仅将广告内容在剧本中体现出来，不注重这个广告是否可以吸引到目标用户。甚至有的运营者会编写好几个情节雷同的剧本，这类剧本，质量往往没有保障，以它为蓝本拍摄的中视频，其播放量和点击量等数据也会比较低。

针对"求量不求质"的运营操作误区，运营者应该怎样避免？具体如下：

（1）加强自身学习：了解创作剧本的流程，掌握剧本撰写的基本技巧。

（2）聘请专业团队：专业的创作剧本团队业务范围比较窄，他们专注于剧本撰写，剧本质量很高。

4. 错误频出

众所周知，报纸、杂志在出版之前，都要经过严格审核，保证文章的正确性和逻辑性，尤其是涉及重大事件或是国家领导人的，一旦出错就需要追回重印，损失巨大。编写剧本对白时，常见的错误包括文字、数字、标点符号及逻辑错误等，编剧必须严格校对，防止出现风险。

1) 文字错误

剧本中常见的文字错误为错别字，如一些名称错误，包括企业名称、人名、商品名称和商标名称等。对于营销剧本来说，错别字会影响剧本和中视频的质量。

2) 数字错误

参考国家《关于出版物上数字用法的试行规定》《国家标准出版物上数字用法的规定》及国家汉语使用数字有关要求，数字使用有3种情况：一是必须使用汉字；二是必须使用阿拉伯数字；三是汉字和阿拉伯数字都可用，但要遵守"保持局部体例上的一致"这一原则。一般来说，在剧本中错的最多的是第3种情况。

例如，"1年半"应为"一年半"，"半"也是数词，"一"不能改为

"1"；再如，农历纪年误用阿拉伯数字："8月15中秋节"应改为"八月十五中秋节"，"大年30"应为"大年三十"，"丁丑年6月1日"应改为"丁丑年六月一日"。还有年代的错误用法，如"1880年代""1990年代"应写为"19世纪80年代""20世纪90年代"。

此外，较为常见的还有数字丢失，如"中国人民银行某年第一季度社会融资规模增量累计为5.58亿元"。我们知道，一个大型企业每年的信贷量都在几十亿元以上，何况整个国家的货币供应量，怎么才"5.58亿元"？根据推测，此处应该是丢失了"万"字，应为"5.58万亿元"。

3）标点错误

无论是哪种文章中，标点符号错误都是应该尽力避免的，在剧本创作中，常见的标点错误包括以下几种：

一是引号用法错误。这是标点符号使用中错得最多的，不少报刊对单位、机关、组织的名称、产品名称、牌号名称都用了引号。其实，只要不发生歧义，名称一般都不用引号。

二是书名号用法错误。证件名称、会议名称（包括展览会）不用书名号。但有的运营者把所有的证件名称，不论名称长短，都用了书名号，这是不合规范的。

三是分号和问号用法常见错误。这也是标点符号使用中错得比较多的，主要是简单句之间用了分号——不是复句内部的并列分句、不是"非并列关系的多重复句第一层的前后两部分"、不是分行列举的各项之间，都使用分号，这是错误用法。

4）逻辑错误

所谓逻辑错误，是指剧本主题不明确，全文逻辑关系不清晰，存在语意与观点相互矛盾的情况。

5. 脱离市场

营销剧本撰写的大多是关于企业产品和品牌的内容，这些产品和品牌处于具体市场环境中，它们所针对的目标也是处于市场环境的具有个性的消费者。因此，运营者或编剧不了解具体产品、市场和消费者情况，多半是行不通的，写出来的剧本也很大程度上是失败的。

因此，在编写和发布剧本时，必须进行市场调研，了解产品情况，才能写出切合实际和获得消费者认可的剧本。在剧本编写过程中，剧本创作者应该充分了解产品，如图12-33所示。

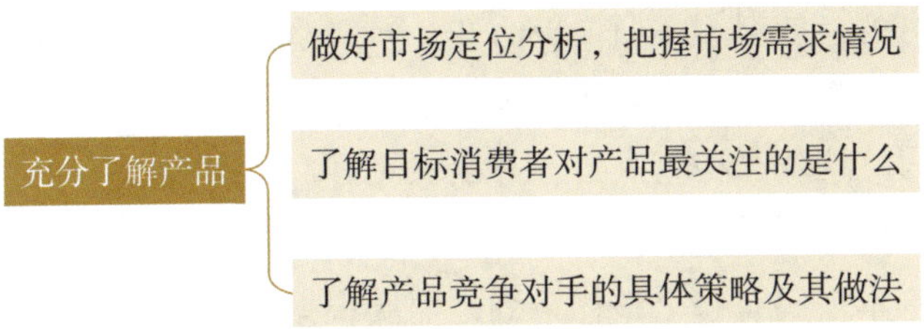

```
                    ┌─ 做好市场定位分析，把握市场需求情况
         充分了解产品 ─┼─ 了解目标消费者对产品最关注的是什么
                    └─ 了解产品竞争对手的具体策略及其做法
```

图 12-33　充分了解产品的相关分析

从消费者方面来说，剧本写作者应该迎合消费者的需求，关注消费者的感受。营销定位大师杰克·特劳特（Jack Trout）曾说过："消费者的心是营销的终极战场。"那么剧本也要研究消费者的心理需求，也要从这里出发，具体内容如下。

1）安全感

人是趋利避害的，内心的安全感是最基本的心理需求，把产品的功用和安全感结合起来，是说服客户的有效方式。例如，运营者想要推销新型电饭煲，其剧本情节或台词中可以包含以下内容：这种电饭煲在电压不正常的情况下能够自动断电，能有效防范用电安全问题。这一要点的提出，对于关心电器安全的家庭主妇来说，一定是个攻心点。

2）价值感

运营者将产品与个人价值相结合，并以此打动客户，某些产品之所以长盛不衰，是因为他们打动了消费者，满足了他们孝顺、爱国或诚信方面的价值感。

例如，如果中视频营销对象是豆浆机，剧本内容可以这么写："当孩子们吃早餐的时候，他们多么渴望不再去街头买豆浆，而喝上刚榨出来的纯正豆浆啊！当妈妈将热气腾腾的豆浆端上来的时候，看着手舞足蹈的孩子，哪个妈妈会不开心呢？"看完该中视频，一种做妈妈的价值感油然而生，能很好地激发父母的购买意念。

3）支配感

所谓"我的地盘我做主"，每个人都希望表现出自己的支配权利来。支配感不仅是对自己生活的一种掌控，也是源于对生活的自信，更是剧本要考虑的出发点。

4）归属感

归属感实际就是标签，你是哪类人，无论是精英阶层、精神小伙，还是小资派，每个标签下的人要有一定特色的生活方式，他们使用的商品都表现出一定的亚文化特征。例如，面对追求时尚的青年，销售汽车的中视频剧本可以写"这款车时尚动感，改装也方便，是玩车一族的首选"；面对成功人士或追求成功的人士，剧本可以写"这款车稳重大方，开出去见客户，很有面子"。

6. 半途而废

创作营销剧本需要有一个整体策划，需要根据企业的行业背景和产品特点，筹备剧本创作方案。剧本的筹备流程如图12-34所示。

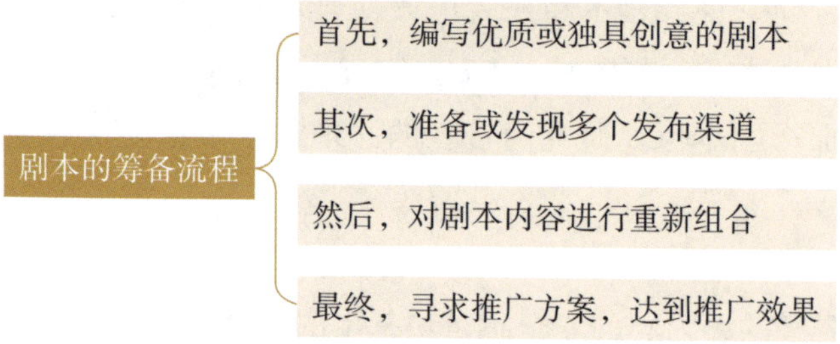

剧本的筹备流程：
- 首先，编写优质或独具创意的剧本
- 其次，准备或发现多个发布渠道
- 然后，对剧本内容进行重新组合
- 最终，寻求推广方案，达到推广效果

图 12-34　剧本的筹备流程

剧本创作是一个长期过程，别想着创作和拍摄一个剧本，就能带来流量和效益；也不是"三天打鱼，两天晒网"，毫无规律。从实质来说，剧本并不会直接促成交易，但优秀的剧本可以提高中视频质量，提升企业品牌形象，提高潜在客户的成交率。所以，要想让剧本对用户产生深刻的影响，运营者必须长期坚持创作剧本。

在中视频运营中，剧本的编写和拍摄是需要长期坚持的。"坚持就是胜利"并不只是说说而已，它要求运营者具体实施。对于运营者而言，坚持有两个方面值得注意，一是方向的正确性，二是心态与行动的持续性。

1）方向的正确性

只有保证在坚持过程中方向的正确性，才不会出现南辕北辙的情况，才能尽快实现营销目标。在创作剧本中，方向的正确性具体表现在市场大势的判断和营销技巧的正确选择上。

2）心态与行动的持续性

在创作剧本过程中，必须保持不懈怠、行动上继续走下去的心态，才能获得成功。运营者要想获得预期效果，坚持不懈的创作是不可或缺的。